お葬式をどうするか

日本人の宗教と習俗

ひろさちや

Hiro Sachiya

PHP新書

JN227640

まえがき

お釈迦さまは侍者の阿難（アーナンダ）から、

「世尊が入滅された時、われわれは世尊の葬儀をどのように執り行えばよろしいのでしょうか……？」

と尋ねられた時、

「わたしの葬儀は在家信者が執り行ってくれる。あなた方出家者は葬儀の心配などしないで、修行に励みなさい」

と答えておられます。

キリスト教のイエスは、「わたしに従いなさい」と信者に呼びかけ、その信者が、

「主よ、まず、父を葬りに行かせてください」

と言った時、

「死んでいる者たちに、自分たちの死者を葬らせなさい。あなたは行って、神の国を言い広めなさい」

と命じておられます。

釈迦もイエスも、お葬式といったものを重視していません。はっきり言えば、どうでもいいことと考えておられます。

なぜなら、それは習俗だからです。元服式（成人式）や結婚式と同じような儀式なのです。しかも、この葬式という儀式は、自分の葬式を、自分でやるわけにはいかない、ちょっと風変わりな儀式です。つまり、自分の葬儀は他人にやってもらわねばなりません。ということは、われわれは他人の葬式をやらねばならない義務があるわけです。

ところが、現代日本において、この葬式という儀式が、へんにややこしくなってしまいました。なぜかといえば、「葬式仏教」の呼称があるように、葬式が仏教の専売特許のように思われているからです。死というものが自然現象でありながら、なにか格別な宗教的意味を持ったものと思われ、その死にまつわる葬式を、宗教行事として行うことが当然のしきたりと考えられています。そしてそれに対する反発が、庶民の間に醸《かも》し出されています。

不幸なことです。われわれ庶民にとっても、また仏教にとっても、これはとても不幸なことです。

本書では、そこのところを考えてみました。たいていの人が、自分の親族の葬式をやらねばなりません。やる義務があります。その時、どのような気持ちで葬式をやればいいのか、また自分の葬式についてはどのような考え方をすればいいのか、それを読者といっしょに考えてみようとしたのです。お役に立てば幸いです。

二〇〇〇年七月

ひろさちや

お葬式をどうするか

目次

第二章　仏教における葬式の起源

第三章 お葬式のかたちと作法

第四章　宗教の世俗化とお葬式

第五章 供養の本質、お墓の問題

第六章　仏教にみる理想の死に方

第七章　お葬式はどうあるべきか

第一章

なぜ日本人は「お葬式」にこだわるのか

お葬式とは宗教ではなく習俗

まず最初に結論から言えば、お葬式とは、

――習俗――

です。習俗とは、それぞれの民族が持っている習わしですから、意味を問うよりも前にその民族が先祖から踏襲して行われてきているもろもろの風習、たとえば冠婚葬祭などのやりかたなどをいうのでしょう。ですから、例外を除いてひとつの民族ならだれでもそうするというように、最初から選択の余地の少ないものといえると思います。

それに対して、宗教とは厳しく個人の選択が問われる精神の営為です。浄土宗の開祖である法然上人《ほうねんしょうにん》（一一三三～一二一二）は、八万四千もあるといわれる仏教の教えの中から、「南無阿弥陀仏」と称えて阿弥陀仏の救いにあずかる絶対他力の道を選択しました。その弟子の親鸞《しんらん》聖人《しょうにん》（一一七三～一二六二）は、たとえ法然上人にだまされて地獄に堕ちようと後悔はしないと言って、師の浄土の教えを選択して阿弥陀仏に帰依する浄土真宗を打ち立てました。

栄西禅師（一一四一～一二一五）や道元禅師（一二〇〇～一二五三）は禅の道を選択し、日蓮聖人（一二二二～一二八二）は『法華経』という経典に帰依することを選んでそれぞれが一宗を立て、今日に及んでいることは人々の知るところです。

その一時代前の伝教大師最澄《でんぎょうだいしさいちょう》（七六七または七六六〜八二二）は、中国に渡って天台大師智顗《てんだいだいしちぎ》（五三八〜五九七）の教えを選び、同じ遣唐使船団で入唐した弘法大師空海（七七四〜八三五）は、密教を選択しておのおの天台宗と真言宗を立宗しました。

そのように、宗教は習俗とは違い、一人ひとりの信仰と思想の選択が重要な要素を持ってきます。ところが、わが国の宗教の現状を見ると、この習俗を宗教の中にごちゃ混ぜに入れ込んで、都合のいいところでは宗教の教理を力説し、別の都合によっては習俗を持ち出してきてそれがあたかも宗教であるかのように見せかけ、迷信の粉をまぶして人々を脅して利益を得ているものも少なからずあるような気がします。

特にそれは、「お葬式」という人の死にかかわる場面で多く見かけるように思います。そこで、わたしは本書でできるだけ宗教と習俗を腑分けし、お葬式の本来の意味を考えるとともに、お葬式の理想の姿というものを追究してみたいと思っています。

お釈迦さまは、「生《しょう》・老・病・死」という四つのことがらを取り上げ、これらが人間の背負った基本的な苦しみだとして「四苦」と呼びました。時あたかも、わが国は超高齢化社会を迎え、「老い」を国家レベルで体現しようとしています。では、その次に来るのは国家レベルの「死」なのでしょうか。だとすればお葬式も国家レベルで考えていかなければ追いつきそうもない気がしますが、ここではまず、そもそも「死」とはいかなる意味を含んでいるのか、基本に立ち返って考えてみましょう。

死ぬのは肉体か霊魂か

まず、人は必ず死ぬといいますが、この自明の事実をあえて疑ってみましょう。人間が死ぬというのは、統計的事実でしかありません。従来生きてきた人たちはみんな死んだという事実があるだけの話です。確かに統計的には一〇〇パーセントの人間が死んでいます。でも、もしも一人でも永遠に生きている人が出てきたらどうでしょうか。科学技術や遺伝子解読がさらに進めば、そういう人が絶対に出てこないなどという保証はどこにもありません。そうなれば、統計的事実は修正を余儀なくされます。その意味では、人が死ぬというのは永遠の真理のように思っていますが、よく考えてみれば、今まではそうだったという統計的真実でしかないのです。

では、従来統計的にはなにが死んできたというのでしょう。それは言うまでもなく、

――人間の肉体――

です。ですから、人は必ず死ぬという時、その意味は肉体が一〇〇パーセント滅びるということをいっていることになります。肉体の死ならわたしたちもしょっちゅう見ていますし、事実、過去の人はみんな死んでいます。

それでは、人間とは肉体だけでできているのでしょうか。そういう考え方もあります。肉体が一切だという思想が出てきたのは、ラ・メトリー（Julian de La Mettrie／一七〇九〜一七五一）の「人間機械論」あたりが最初だと思います。人間は単なる機械でしかない。肉体を持ったひとつの機械、それが人間で、いわゆる魂などというものは存在しないというようなことを言い出したのが、ラ・メトリーなどフランスの啓蒙期の思想家たちでした。

しかし、ほんとうにそうなのでしょうか。人間とは、単に肉体だけでできているものなのでしょうか。それとも、

――霊魂――

というような存在が人間の中にあって、それが死ぬのでしょうか。いや、肉体は死んでも、その霊魂は永遠に生き続けるのかもしれません。あるいは半分に減ってしまうのかもしれませんし、三〇パーセントまで魂の機能が減少するのかもしれません。そういうことが、わたしたちには一切わからないわけです。

中にはそれがわかっている人もいます。神道系の人で、「わたしはちゃんと霊魂が見えます」と言う人と会ったことがあります。「先生、わたしには霊魂がちゃんと見えますよ。悪い人の霊魂は黒くて善人の霊魂は白いんです。見てあげましょうか」と言われたので、「いや、わたしには不必要です」とお断りしたのですが、霊魂が見えるという人たちはそんなに珍しくはあ

りません。

キリスト教では、

――霊・肉二元論――

という考え方をとっています。そこから肉体というのは霊魂の宿る借家みたいなものだという意識が生まれるので、キリスト教圏では臓器移植などにあまり抵抗がないのではないでしょうか。住人である魂がいなくなったのだから、肉体なんか貸してあげればいいではないかという考え方です。こういう認識は、日本人とはまったく違うものだと思います。

今の医学書を見ると、死は肉体の死と限定して書かれています。そういう認識で、「ではお葬式にはどういう意味があるのか」と問われた時、それだけで答えを出そうとすれば、お葬式というのは単に肉体の処理、死体の後始末ということになってしまいます。

しかし、現代の日本人の中でも、ある人々は人間には霊魂もあるのだから、肉体の処理ばかりでなく魂の処理もなされなければならないと考えているはずです。だからわたしたちは、お葬式には肉体と魂の処理という二つの次元があるということを忘れてはいけないと思います。

死は「ケガレ」と考えた古代日本人

お葬式は、死のケガレを払う儀式だという言い方をされることがあります。それは一面では

正しいといえます。古代の日本人は、死を、

――ケガレ――

と考えました。わたしたちはケガレといわれると、「不潔」と結びつけて考えがちですが、そういう意味ではありません。

古代神道には、

――ハレとケ――

という考え方があります。〝ケ〟は「気」で、元気とか陽気とか陰気とかの「気」です。わたしたちが日常生活をしているうちに、この気がだんだん滅入ってきたり弱まってきたりします。気が枯れてくるわけです。これが「気枯れ」、すなわち〝ケガレ〟です。

そうすると、リフレッシュしてもう一度気を回復しなければならない。そこで行われるのがお祭りです。非日常的なお祭りを行うことによって、日常の中で枯れた気を回復しようというわけです。これが〝ハレ〟です。だからお祭りの時に着る着物を「晴れ着」と呼び、「晴れの門出」などということばもできたのです。

最近の神道学者の中には、これに異論を唱える人たちもおります。〝ケ〟とは食物ではないかというのです。人間はこのケを食べてエネルギーを蓄積していくというわけです。そしてその食物がなくなってエネルギーが尽きる時、これが「ケカレ」、すなわち〝ケガレ〟だという

のです。

逆に、〝ケ〟が充満してエネルギーが爆発状態になる時、それが〝ハレ〟なんだという解釈もあります。いずれにしても、〝ケ〟とは人間の中にあるエネルギーのようなもので、それが枯れてくるのが〝ケガレ〟なのです。

そこから転化して、〝ケガレ〟は不浄をも表すようになりました。死が穢《けが》れという場合には、不浄の概念も含むようになったのです。神道には「黒不浄」「赤不浄」ということばがありますが、この〝黒不浄〟は死を意味します。死体をそう呼ぶわけです。それから、〝赤不浄〟は血です。神さまは血を不浄のものとして嫌うので、月経時の女性は神社に参ってはならないなどという禁忌があるわけです。出産の出血では穢れが家族にも及ぶとして、特に漁業や狩猟、大工、鍛冶職などに従事する人などは妊婦と別居したといいます。

死体が持っている不浄という概念は、現代的な用語で言えばバクテリアというか、ばい菌みたいなものといえます。人間が死ねばばい菌のような不浄が発生すると考えますから、古代においては、死人が出るとその家全体を燃やしてしまいました。

死人が住んでいた家は不浄になったのだから、その家は焼かなければならないとして焼いてしまったのです。

しかし、やがていちいち全部焼いてしまうのは大変だということになり、死の直前になると死に小屋のようなものを作り、死を待つ人のものをそこに移してその小屋を燃やすようになりました。その人の使っていた茶碗だとか衣服だとか、そういう日用品のようなものも含めてその小屋に移して焼くようになったのです。死者が出るたびにいちいち本宅を燃やしていたら大変ですから、別宅というか、物置小屋みたいなものを作って燃やすようになったわけです。

『延喜式』に記されたケガレの伝染

昔の人は、死者が持っているばい菌、つまり穢れは必ず死者の肉親や周囲の人たちに伝染すると考えていました。平安時代の初期に定められた律令の細目である『延喜式』には、この穢れがどのように伝染するかが詳しく記されています。死者というのは怖いもので、穢れに伝染した人間をあの世に連れていくのではないかという恐怖心がありますから、この穢れの概念を明確に規定して日常生活の指針にしたわけです。

『延喜式』は昔の法律書ですから、穢れの概念は、今でいう六法全書ぐらいに細かく規定されていて、それに対する対処法も定められています。それによると、たとえばA家で人が死んだとすれば、A家の親族は全員が穢れます。そのA家をB家の人間が訪問し、着座して帰ってきたとします。すると、その人はA家の穢れを家に持ち帰ったことになり、B家の全員に穢れは伝染してしまいます。

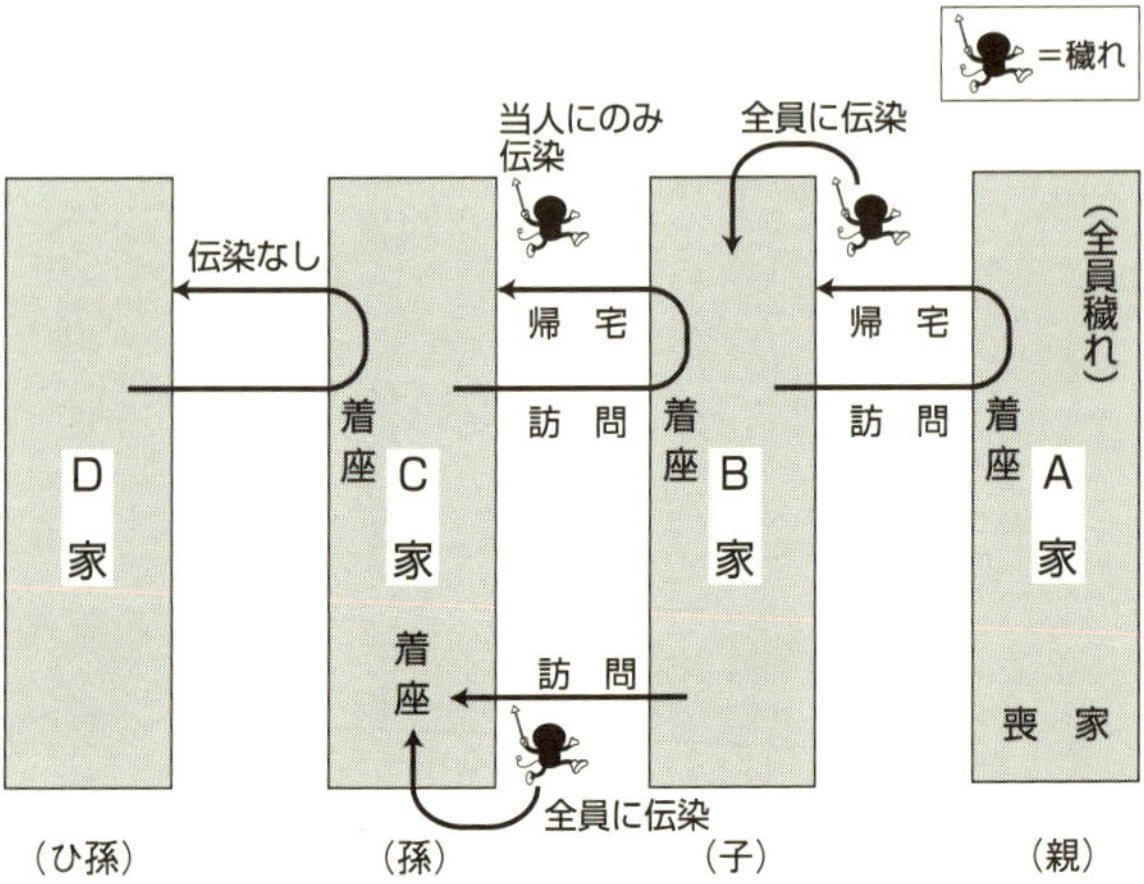

『延喜式』による穢れの伝染のしかた

さて、今度はC家の人間がB家を訪れたとします。そして着座してC家に帰ると、B家に行った当人には穢れが伝染しているのですが、C家の家族には伝染しません。ところが、B家の人間が逆にC家を訪れて着座すると、C家の全員に穢れは伝染してしまいます。しかし、仮にこうして全員に伝染したC家をD家の人が訪れたとしても、今度はD家の人に穢れは伝染しないとされています。つまり、A家を親元としてB家を子、C家を孫にたとえれば、穢れの伝染は、子と孫のところまででとまるということです。

「忌」と「喪」の違い

『延喜式』では、その死の穢れの期間も明確に規定されています。それが四十九日なのです。

今でも「四十九日」といえば七七日などといわれ、法要の中心をなしている期間です。その間、死の不浄を持っている人はほかの人と接触してはいけないということになっています。伝染病をまきちらすからというわけです。

この期間を、

――忌――

といいます。お葬式の時には「忌中」という札を貼りますが、この忌とは社会的に一定の期間行動を慎むことが強制されることで、これが四十九日なのです。忌中にある人は、その間ほかの人と接触してはいけないとされているわけです。

一方、

――喪――

というのは自発的に故人のために自分の行動を慎むことをいいます。ですから、こちらは喪に服さなかったからといって社会的な制裁があるわけではありません。また期間が定められているわけではありません。したがって、「夫が死んだから一年間喪に服してますから……」という理由で一年間他人との付き合いを断つとすれば、これもおかしいということになります。喪の最中に別の祝い事があって人にお祝いを言われたとすれば、お礼を返さなければならないのです。なぜなら、喪は忌と違い、他人との接触が禁じられているわけではないのですから、交際は別の次元で続けなければならないわけです。

よく年賀状の時期に、「喪中につき年賀の儀は欠礼いたします」というようなハガキを目にしますが、喪は自発的な行為ですから、その意味ではこれも変な文章だといえます。他人と接触してはいけないのはあくまで「忌」のほうです。だからその場合、「忌中につき年賀の儀は失礼いたします」と書くべきです。

しかし、先ほども言いましたように、忌中は四十九日ですから、今年の初めに不幸があったので年賀を欠礼するというのも理屈には合っていないことになります。四十九日を過ぎれば年賀状は出してもさしつかえないわけです。いや、出すべきです。

ついでに言えば、〝弔〟という文字は弓と人とが合わさった字で、昔は野辺の送りに人が弓を持っていったのでこの字ができたといいます。ですから、〝弔〟は故人の死を悼み、あの世に送ること、つまり文字どおり「弔うこと」と受け取ってよさそうです。

また、〝葬〟という字は、草が上下にあってその間に死が置かれていますから、これは死体の処理を意味しています。文字の形からいっても、これはまさに「死体を葬る」ということでしょう。

さらに「服喪」などの〝服〟という字がありますが、これは〝舟〟と〝治〟からできた文字で、舟べりにくっついた板を意味し、そこから人や霊に服するという意味と、身につける服という意味も生まれたといいます。だから「喪に服する」、つまり〝服喪〟といい、〝忌服〟というようなことばが生まれたのです。

お葬式は人間だけが行う儀式

その意味では、古代の日本人はお葬式において肉体の処理と魂の処理の両方を行っていたようです。

最初に言ったように、お葬式は基本的には習俗ですから、死体の処理、肉体の処理ということに関していえば、どんな民族でも行います。お葬式は本人がやるものではなく、周りの人間がやるものです。

つまり、人間が共同体を営んだ時には、別の言い方をすれば文化が生まれた時には、共同体の成員の死体を放り出しておくわけにはいきませんから、そういう意味でのお葬式はどんな民族でも営むといえます。これが人間以外の動物だったら、共同体や文化は関係ありませんから、死体を片づけたりはしないでしょう。だから、お葬式は人間固有の習俗といえるのだと思います。

現に、ネアンデルタール人の化石が発見された跡に花が添えられていた形跡があったというニュースもありました。彼らもなんらかの形でお葬式を行っていたのでしょう。

死体の処理という意味とともに、ある民族がたとえば霊魂的なものの存在を認めているとすれば、人が死んだ時には明らかに現世での霊魂も死んでいるわけですから、その霊魂の死に対してなんらかの処理をしなければならないということになります。そこで、日本人の場合ならば『延喜式』のようなものが定められるわけですが、しかし、たとえばかつてのソビエトのような共産主義社会では、唯物論が支配していて霊魂など認めないでしょうから、その場合のお葬式は死体の処理だけでいいということになるでしょう。

今の日本人の精神構造を考えると、半分唯物論、いや、九〇パーセントは唯物論者のような気がします。だから、現代の日本人のお葬式はほんとうは死体の処理だけでいいのでしょうが、それでもどこかで霊魂なんかないと断言できないところがあり、死体の処理だけでは不安で、一〇パーセントぐらいはなにか霊的な処理をしておかないといけないというような強迫観念を持っているのでしょう。それが現状だろうと思います。

神道成立以前のお葬式

お葬式が習俗であり、どんな民族でも行っているとすれば、日本では仏教が伝来する以前は、神道のお葬式が習俗として行われていたのかということになります。

ところで、「神道」という宗教は古来から日本にあったのでしょうか。実は、これは非常に難しい問題です。というのは、神道という概念は、仏教が日本に入ってきてはじめて成立したという経緯があるからです。日本でもっとも古い公式の歴史書である『日本書紀』の中に、「天皇信仏法、尊神道」（天皇は仏法を信じ、神道を尊ぶ）〈用明天皇の条〉「尊仏教、軽神道」（仏教を尊び、神道を軽んず）〈孝徳天皇の条〉

と出てきますが、これは仏教というものが日本に入ってきた時に、自分たちが今まで持っていたものを神道と名づけたということを意味します。外国から仏教という新しい教えが入ってきたから、そこではじめて今まで自分たちが持っていたものを神道と名づけたというわけです。

その意味で、わたしは神道を、「日本人の宗教」と呼んでいます。つまり、日本人であればだれでも神道の信者にされてしまうというか、靖国神社でおわかりのように、いやだと言ってもみんながいつの間にか氏子にされてしまうのです。日本人の宗教だから、日本人ならばみんなうちの神道の信者だと勝手に決め込んでいるわけです。

逆に言えば、外国人は絶対に神道の信者にはなれません。小錦のように、日本国籍をとって大関を張った人でも、神道の信者にはしてもらえないのです。これは神道というより、「民族宗教」というものの特色で、世界の民族宗教はすべてそうだと考えていいでしょう。別に神道に限ったことではなく、ヒンドゥー教などでも同じことがいえます。

たとえば、元のインド首相のラジブ・ガンジーはヒンドゥー教徒です。インディラ・ガンジーの長男ですが、彼の奥さんはイタリア人です。そのため、彼女はインドの首相夫人であったのに、南インドなどに行くとヒンドゥー教の寺院では中に入れてもらえません。「おまえは外国人である。ヒンドゥー教徒ではない」というわけです。

いずれの国でも、民族宗教とはそういうものです。ですからわが国でも、仏教伝来以前に神道という意識はなくて、日本人の宗教としか言いようのない意識が漠然とあったのだと思います。

しかし、お葬式はやっぱり習俗ですから、日本人が日本人であるかぎり、いつの時代でもやっていたはずです。

仏教は本来、お葬式をしない

では、日本に仏教が伝来してお葬式のスタイルはがらっと変わったのでしょうか。その答えは〝ノー〟です。なぜなら、本来仏教はお葬式をやらないからです。これはまたあとの章で触れますが、仏教がお葬式と結びついたのは江戸時代になってからなのです。

『マハー・パリニッバーナ経』（大般涅槃経《だいはつねはんぎょう》）という経典には、お釈迦さまが亡くなられる前後のことが詳しく記されています。その経典によると、侍者のアーナンダがお釈迦さまに、「亡くなられたらお葬式はどのようにすればよいですか」と尋ねた時、お釈迦さまはこう答えたといいます。

「アーナンダよ。お前たちは修行完成者の遺骨の供養（崇拝）にかかずらうな。どうか、お前たちは、正しい目的のために努力せよ。正しい目的を実行せよ。正しい目的に向って怠らず、勤め、専念しておれ。アーナンダよ。王族の賢者たち、バラモンの賢者たち、資産者の賢者たちで、修行完成者（如来）に対して浄らかな信をいだいている人々がいる。かれらが、修行完成者の遺骨の崇拝をなすであろう。」

（『ブッダ最後の旅』中村元訳・岩波文庫）

アーナンダはお釈迦さまの秘書官ですから、やっぱり指示を仰いでおかないといけないと思ってお葬式のことを尋ねたわけです。するとお釈迦さまは、自分の葬式は在家の人間がやる。おまえたちはそんなことにかかわらずに修行をすればよいと、そのように指示されたというのです。つまり、お葬式は宗教の問題ではないとおっしゃっているわりです。

したがって、仏教はお葬式をやるものだと思い込んでいる日本人の常識がおかしいのです。仏教はお葬式をやりません。今でも南都六宗といわれる奈良の寺院では、お葬式は一切やっておりません。

臨終への対応

ついでに言いますと、キリスト教には「死の秘蹟」というものがあり、臨終の時にしっかりとその儀式を行います。亡くなる人に終油《しゅうゆ》という油を注いで苦痛を取り去り、心に平安を与える儀式です。そのことによって死者は天国に行ける保証を得るのです。これは結婚の秘蹟などと同じように、神父のやるべき仕事の中に入っています。

そのように、キリスト教において死は重要な意味を持っており、臨終の儀式もきわめて重要な儀式です。その意味では、キリスト教は仏教と違い、最初からお葬式にタッチしていると考えていいわけです。

この臨終に関して、日本仏教が宗教的儀式とつながりをつけました。天台宗の中で行われていた浄土教において、死に臨んで、看取る人と看取られる人がともに、

――南無阿弥陀仏――

と称えることに重い意味を持たせたのです。生きている間の罪を全部取り払うためには、最後の瞬間の「南無阿弥陀仏」という念仏が大事なんだ。この南無阿弥陀仏の一念によって、たった一声によって極楽往生ができるんだという考えを生んだのです。

もちろんこの考えは、たとえば親鸞聖人などによって否定されます。親鸞聖人は、そんなこ

とではない。念仏を信じる心が大事なんだというように否定していくのですが、一応、比叡山の中で行われていた正統的な天台の浄土思想においては、臨終の一念というのは非常に重要視されました。

この前、オランダ人の医者が書いたある本を読んでいたら、何百本、何千本というタバコを吸っていた人が死んだ時、死ぬ前に吸ったタバコだけは、「これはあの人の吸った最後の吸い殻だ」と言って取っておく人がいるという逸話を紹介して、「最後のことばにのみ重きを置くな。ほかの何千本の吸い殻だって変わりはない」というようなことを言っていました。最後のタバコといい最後の一念といい、または最後の息といい、洋の東西を問わず、どの民族も臨終ということを大事に考えるものです。それをこの本では「最後のことばに重きを置く」と表現したのでしょう。

通夜は死の判定期間

さて、人が亡くなると、

――お通夜――

が催されます。お通夜というとお葬式の前夜祭のようなものと受け止められ、仏教の行事のように思われがちですが、お葬式が仏教とは別物であったのと同様、お通夜も仏教とは関係ありません。

実は、お通夜というものはどの民族でも行います。なぜならば、古今東西を通じて死の確認というのが非常に難しかったからです。ある人がほんとうに死んだのか、いつ死んだのかがわからない。古代においては、鏡を持ってきて瀕死の人の鼻先にさしかけ、鏡が曇ったらまだ息があるなどという方法で死の判定をしていた例もあるようです。

現代の脳死の判定などでも同じことがいえますが、死を判定するというのは難しいのです。今では医者が一〇〇パーセント判定できるかのように言っていますが、それは正しくありません。完全に死んでしまったと思っている人が生きていたというケースは相当ありますし、お棺の中におさめられたあと、ごそごそ音がするので開けてみたら生きていたという話も聞いたことがあります。

結局、多くの民族は人の死を、

——息を引き取る——

という基準で見ていたようです。息というものを重要視しているわけです。心臓の鼓動だけではなしに、心臓の鼓動がかすかになって聞こえなくなっても、息をしていればまだ生きているわけで、死の判定は主に息によって行われていたといえるでしょう。

そんなところから、その最後の息を、たとえばだれか親族が吸い取ってこの世にとどめようという考えも生まれました。これは古代ローマで行われていた「コンクラマティオ」という儀式で、〝死の接吻〟と訳されています。

古代ローマでは、接吻をして最後の息を吸い取ると息が止まる、それが死だと思われていたわけです。でも、これを含めて死の判定というのはなかなか簡単にできるものではありません。ですから、人間はできるだけ死の判定を遅らせようとしてきました。

お通夜は怖いからにぎやかにやる

そうすると、なるべくおおぜいの人で死体の見張りをしようじゃないかということになります。死の確認ができるまで見ていようというわけです。これが「お通夜」です。ですから、昔は四十八時間たたないと埋葬を許可されませんでした。それが今では二十四時間に短縮されましたが、そのようにして死の判定を遅らせてきたのです。

しかし、先ほども言いましたように、死体というのは怖いものです。伝染病のような穢れを持っているだろうし、ひょっとしたら自分を死の世界に連れていくかもしれないという怖さがあります。だから、各民族ともお通夜というものは派手に陽気にやります。死者の周りにみんなが集まって、トランプをやったり歌を歌ったりして行うのです。お通夜は悲しみの中でやるものではありません。

お通夜はしめやかに行い、故人を偲ぶ祭事だというのは、近代人の合理化された思想です。古代の人にとっては、もともと死体は怖いものですから、陽気にばか騒ぎして、酒でも飲んでやるよりほかにない儀礼だったのです。

あとでお墓の問題の時にも出てきますが、死体やそれを埋めるお墓とは、古代の日本人にとって怖いものでした。今は明るくてきれいで霊園のようなお墓ばかりになってしまいましたが、死体やお墓の怖さを理解しないと、お葬式という習俗がよくわからないということになってしまうかもしれません。

さて、お通夜のあとは「葬儀」があって「告別式」があるわけですが、これはたとえて言えば、結婚式と披露宴の関係のようなものと考えればいいのだろうと思います。基本的には、結婚式と披露宴とは違うものです。結婚式は一種の通過儀礼ですが、披露宴はそれを祝う宴会です。同じように、わたしは葬儀と告別式は違うものだと分けて考えています。ですから、大事なのは結婚式でありお葬式（葬儀）なのです。披露宴はやってもやらなくてもいい。それと同じように、わたしは告別式もやってもやらなくてもいいと思っています。

第二章

仏教における葬式の起源

仏教とお葬式の関係

わたしは最初から、お葬式は習俗であり、基本的には仏教と関係がないと言っていますが、そうは言っても、大半のお葬式は寺院が執り行っています。このへんで、仏教とお葬式の関係はどういうものなのかをちょっと振り返って見ておきましょう。

よく葬式仏教などといわれるように、現在では仏教とお葬式は深く結びついています。これはいったいどういうことなのかと問いただせば、今のお坊さんですらわからなくなっているというのが実態です。

前述のように、仏教を歴史的、思想的に検証してみると、お釈迦さまが亡くなった時にお坊さんではなく在家の人々が葬儀を執り行ったように、日本でも昔からお坊さんはお葬式をやっていないのです。平安時代、鎌倉時代のお坊さんで、重要な檀家のために個別的にいくつかのお葬式を行った形跡はありますが、一般には儀式化されていませんでした。

ひとつ、独特な形でお葬式を行っていたケースは、室町時代の時宗と呼ばれる宗派の僧侶たちです。時宗は一遍上人（一二三九〜一二八九）が立てた宗派で、踊り念仏によって民衆に浄土の教えを広めました。一遍上人は一所不住で財産も持たずに遍歴布教の旅を続け、そのため遊行上人とか捨て聖などと呼ばれました。

その時宗の僧たちが、一種の従軍僧のような役割を担っていたようです。戦場についていき、戦士が亡くなるとその遺品を持ち帰り、遺族にその死を知らせて遺品を記念品として届けてやるというような役割です。そういうケースは見られるのですが、それが単に戦争にかかわっていただけなのか、それともお葬式にまでタッチしていたのかどうかはわかりません。

では、お坊さんが本格的にお葬式を始めた時期と理由はと聞かれれば、

――江戸時代――


と、はっきりしています。理由はキリシタンの取り締まりです。

江戸幕府はキリシタンを弾圧しました。だから、自分はキリスト教徒ではないということを証明させるために、

――檀家制度――


を設けて日本人全員をお寺に登録させました。つまり、お寺が役所の戸籍係と同じ仕事を担ったわけです。その登録簿は「宗門人別帳」といい、それによって当寺の檀家であるという証明をします。その証明のないかぎり、キリシタンだと疑われる制度を作ったのです。

先ほど触れましたように、キリシタンにとっては死の秘蹟という考え方がありますから、なんといってもキリスト教式のお葬式というものが重要性を帯びてきます。江戸幕府はキリシタンをよく知っていましたから、キリスト教式のお葬式をやる人たちをチェックすればキリシタ

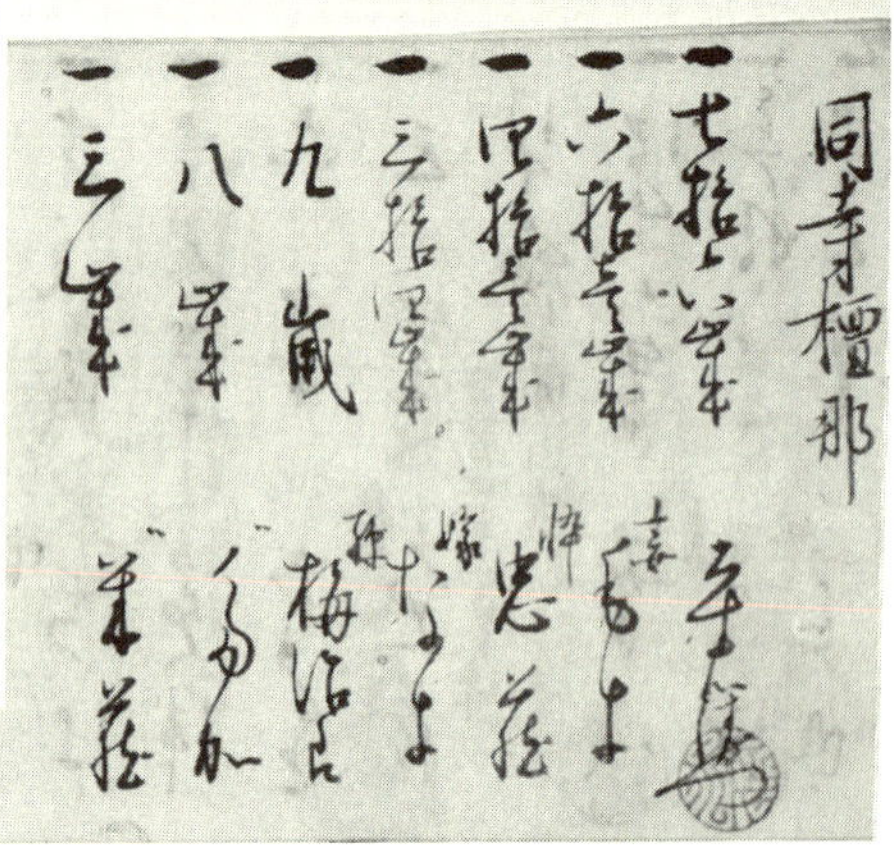

宗門人別帳（または「宗門人別改帳」。写真は武蔵国多摩郡連光寺村富沢家文書・文化13年〈1816年〉6月／写真・国文学研究資料館史料室）

ンかどうかがわかることになります。そこで、幕府は仏教の僧侶に葬式をやるように命じたのです。

日本の習俗とその葬式

それまではだれがお葬式をやっていたかといえば、村の長老です。お葬式はあくまでも習俗ですから、各民族が共通して行います。日本の場合は一家の主、といっても今の核家族の父親のようなものを考えられたら困るわけで、大家族制度の本家の主が葬儀の執行人になっていました。主が死んだ場合には、その長男があと継ぎとして必ず喪主になるわけです。そのように、お葬式は本家の主、あるいは氏族の長、つまり村の長老がやる仕事でした。結婚式も同じで、村の長老が行っていました。

村の長老は、実は神主でもあったのです。今は、お寺に住職がいるように神社には神主さんがいつもいるというイメージがありますが、そんなことはありませんでした。そのようなイメージができあがったのは明治維新以後です。今でも神主のいない神社はいっぱいありますが、明治維新以前は神主という特別な職業があるわけではありませんでした。神事を行う時は、すべて氏族の長が神職を務めていたのです。

のちの時代になると、氏子の中から代表が選出されて、「当年神主」とか「一年神主」などと呼ばれて一定の期間、神職を務めるようになりました。専門の神職ができるのはずっとあとの時代のことです。

そのように、村の長老が順番に神主になり、村の鎮守の神さまをお祀《まつ》りする役についてきたわけです。

――厄年――

ということばがありますが、これは、そろそろおまえもお役につく年ごろになったぞ。だから身を慎まなければならないぞというのがその意味です。今、厄年にいろいろな理由をつけて説明しようとしていますが、それはみんな無理があるのであって、もともとはお役につく年のことをいったのです。

村の長老は、そうやって順繰りに神主を務めてきました。長老はお葬式だけではなく、結婚式の仲人とか、祭事とか、共同体のさまざまな役割をみんな担って務めてきたわけです。

仲間同士の葬式を敷衍化した僧たち

ところが、長い間のそのような日本人の慣習を破り、江戸時代になると幕府はいきなりお坊さんにお葬式をやれと言い出しました。困ってしまったのはお坊さんたちです。自分たちが葬式をやらなくてはならない。では葬式とはいったいなんぞやということになって、お坊さんたちはとまどい、途方に暮れてしまいました。

しかし、よく考えてみると、僧は基本的にお葬式は行わないけれども、やっているケースもあったのです。それはなにかといえば、僧侶仲間のお葬式です。彼らは出家ですから、在家の人間や村の長老が彼らのお葬式をやってくれるわけがありません。江戸の町民であれば、家主がやってくれたのでしょうが、出家した者のめんどうは出家者がみるしかなく、お坊さんのお葬式はお坊さんがやるほかなかったのです。

これは、昔からインドでも中国でもずっとそうでした。お坊さんは仲間のお葬式だけはやってきたのです。スリランカやミャンマーなどの南方仏教では、三十年ちょっと前くらいまでは絶対に一般の人のお葬式はしませんでした。最近ではお葬式にお坊さんがタッチし、執行するようになってきていますが、以前は一般人のお葬式は行わず、ただしお坊さんのお葬式はお坊さんがやるというのがあたりまえだったのです。

日本でも事情は同じでした。それを江戸幕府から葬式をやれと命じられ、お坊さんがそれではと考えついたのは、仲間のお葬式でした。内輪でやっているお葬式と同じ形でやるのがいちばんよかろうということになったわけです。

そこで、人が死んだらどうするかといえば、まず死者を出家させるという形式が生まれました。仲間うちのお葬式の形をとるのですから、死者はお坊さんでないと困ります。だから「お髪剃り」などといって、頭を剃る儀式を行います。実際に今でも剃っているところもありますし、あるいは浄土真宗などでは、頭は丸めないけれども、ちょっとカミソリをあてて頭を剃ったぞというような儀式を行うところもあります。

戒名と引導

第四章でも触れることになりますが、以上のようなことで、死者は出家したのですから、これに、

――戒名――

をつけることになります。

出家する時は、師について戒律を授かります。これを「授戒」といい、授かった戒律を守る

ことを約束して弟子となるのです。この時師からつけてもらうのが戒名で、要するに戒名とは出家者につける名前なのです。たとえば「宗純」などという名前をつけてもらうのですが、これは、「おまえは俗名を捨てて出家したんだ」ということを意味するわけです。

浄土真宗では、念仏だけを称えればいいのであって戒は不必要という立場を取りますから、戒名でなくて「法名」といいます。また、授戒の儀式を行う場所を戒壇といいますが、従来の戒壇の意味を否定して独特の「本門の戒壇」というものを主張した日蓮宗では、やはり戒名といわずに「法号」と呼んでいます。

いずれにしても、出家すれば今までの俗名を捨ててお坊さんとしての名前をつけ、修行に励むことになります。そして修行が満ちて悟りが開けると、今度は「道号」というものを授かることになります。これも師匠がつけてくれるのですが、たとえば「一休」などという道号をもらえば、先ほどの例では「一休宗純」というようになるわけです。宗純が戒名で、一休が道号です。

現役で活躍している間は戒名と道号があればいいのですが、隠居するということになると、今度は「○○庵」だとか「△△院」などというものがつくようになります。これを「院号」といいます。

戒名をつけられた死者のために、お坊さんたちはお経を読みます。一般の人は、お経という

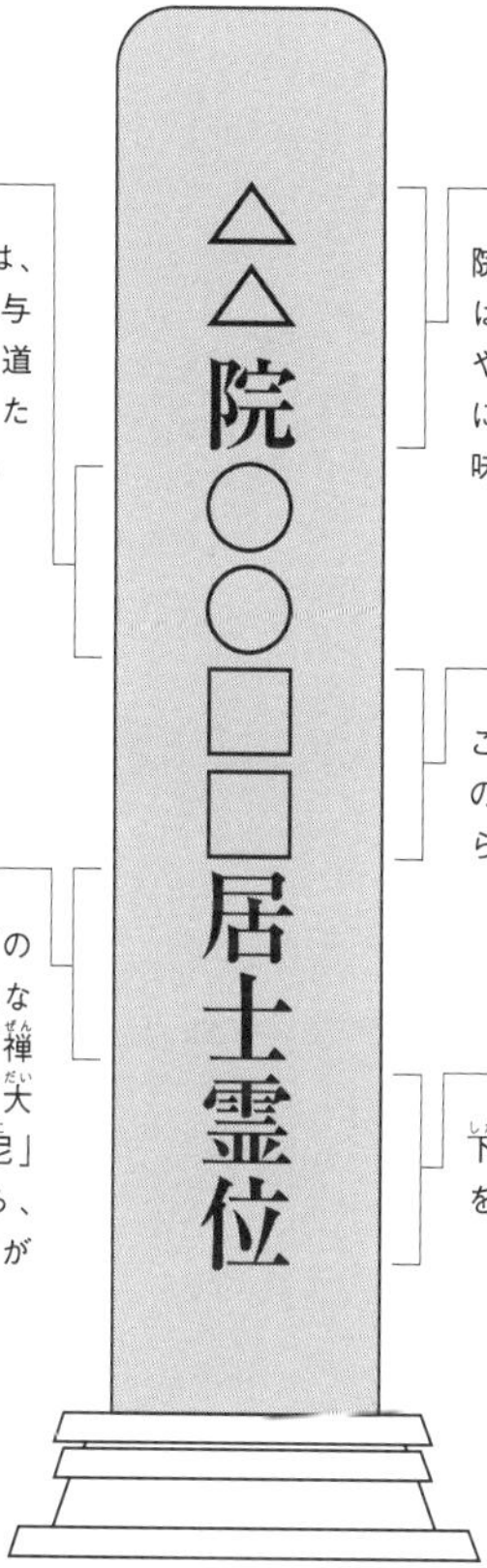

道《どう》　号《ごう》

戒名（または法名）とは、仏法に帰入した者に与えられる名であり、道号とは仏道を証得した高僧に許された称号。

院《いん》　号《ごう》

院号あるいは院殿号《いんでんごう》とは、本来は故人が宮殿や院（垣根のある建物）に住んでいたことを意味する最上の尊称。

法《ほう》　号《ごう》

これが本来の戒名。故人の生前の名前（俗名《ぞくみょう》）から一字をとってつける。

位《い》　号《ごう》

いわば仏教徒としての階級を表す号。男性なら、「居士《こじ》」「信士《しんじ》」「禅定門《ぜんじょうもん》」、女性なら、「大姉《だいし》」「信女《しんにょ》」「禅定尼《ぜんじょうに》」がある。子どもなら、「童子《どうじ》」「童女《どうじょ》」などがつく。

置《おき》　字《じ》

下文字《したもじ》ともよばれ、位牌を総称することば。

宗派ごとの「戒名」の特徴

それぞれの宗派によってよくつけられる文字があり、真言宗では「阿」、浄土宗では「誉」、日蓮宗では「妙」「法」「蓮」「華」「日」が多く用いられる。浄土真宗では上の図の中の院号と法号だけをつける。法号には男なら「釈」、女なら「釈尼」を冠するのが一般的。天台宗、曹洞宗、臨済宗は特別な傾向や特徴はないようだ。

のは漢文で読むからチンプンカンプンでよくわからないと言いますが、お坊さんは出家させた弟子に法を説いているのですからそれで当然なのです。お葬式の時のお経は、周りの人間に聞かせるためではなく、弟子にした死者に、「さあ、急いで仏教の勉強をしなさい」と慌てて法を授けている姿なのです。そこのところをしっかり押さえておかないと、戒名をつける意味もお経を読む意味もわからなくなってしまうと思います。

死者を出家させ、法を説いて教育し、それから、

――引導――

を渡すことになります。これは死者を仏教に導き入れ、悟りを開かせる儀式です。または「迷わず悟りを開けよ」と言って、亡くなった人を仏教に導き入れるための儀式といってもいいでしょう。

江戸幕府のもとで役所と化した寺

話を檀家制度に戻しましょう。江戸幕府はキリシタンを取り締まるため、檀家制度を敷いて宗門人別帳という戸籍簿を作り、お寺にお葬式を執行させるようにしました。その際寺院の本末制度も設け、寺院を幕府の管理下に置く宗教政策を確立しました。

同時に、神社でお葬式をやってはいけないということにして、お坊さんをお葬式の専門職に

してしまいました。それまで本家の主や長老が行ってきた葬儀を彼らから取り上げ、寺院の仕事にしてしまったわけです。

お寺は、この制度によって体制の維持をはかることになります。自分のお寺に帰属する檀家ができて、お葬式という儀式が執行できるわけですから、経済的には安定します。それに、役所の戸籍係の役を兼ねるのですから、檀家に対して一種の権力を持つようになります。仮になにかあった場合、「おまえ、キリシタンだろう。宗門人別帳から消すぞ」と脅かすことができます。

宗門人別帳から削られることを、

――かけおち――

といいます。宗門人別帳から欠けて落ちるからです。檀家はかけおちを前提にお寺から脅されるものですから、葬式を派手にやらなければならなくなります。こうして、今でいう「葬式仏教」の基礎が築かれていったわけです。

仏教が悪乗りしてできた年忌法要

これらの諸政策は、決して幕府がお寺を保護するために行ったことではなく、あくまでもキリシタンの弾圧のためでした。キリシタン式の葬式をやらせないようにするための宗教政策だったのです。
ところが、仏教はそこに悪乗りしました。つまり、お葬式が終わればそれでおしまいということにはせず、一周忌、三回忌、七回忌……三十三回忌などという年忌法要を制度的に付随させたわけです。
前に言いましたように、日本人には死は穢れだという観念があります。これを「死穢」といいますが、この死穢を鎮める儀式が必要になります。ひとつの側面からいえば、死体の処理はお葬式で完了します。しかし、霊魂の処理はそれではまだ終わっていないとしたわけです。
ここからは、儒教の考え方を援用します。
儒教では、人間を「魂《こん》」と「魄《はく》」からなると考えています。人間は精神と肉体で成り立っていますから、
魂――精神をつかさどる神霊
魄――肉体をつかさどる神霊
という二元論で人間を説明したのです。わたしたちが生きているうちは、魂と魄はバランスよく調和して共存しているのですが、死ぬとこの二つは分離します。あるいは、魂と魄が分離した時に人間は死を迎えるといってもいいのかもしれません。
人間の死後、魂は天上に昇って「神」となり、魄は地上にとどまって「鬼」となるといわれ

ています。魂も魄も、普段はそれほど恐ろしい存在ではないのですが、ただ、天寿を全うしないで横死した人の魄は悪鬼となり、人間にたたりをなすとして恐れられていました。このような悪鬼を鎮めることも、儒教におけるひとつの儀礼になっているのです。

「魂」という字は、「云」と「鬼」からなっています。「云」とは雲のことです。だから「雲」という字は雨の下に云をつけるわけです。ということは、魂は死後人間の体から離れ、雲の漂うあたりに昇っていくのです。一方、魄は地上にあります。儒教では、この魂と魄をもう一度合体させることによって死者はこの世に再生できると考えました。そして、死後の追善供養の儀礼はそのために行うものとしているのです。

これを「招魂復魄の儀式」といい、儒教の大事な先祖祭祀となっていますが、日本人はそういう儒教の考え方の影響を受けて、人間にはなにか魂みたいなものがあり、それを祀らないとたたりをなす、悪さをするということで、魂鎮めを重視してきました。仏教は、これらの考え方を取り入れたのです。

日本人が作ったごった煮の死後の世界

お葬式は、総じて肉体的な処理です。それに対して、魂の処理が人事だとして、古代神道や儒教、仏教などをごちゃ混ぜにした日本人独特の死後の世界観のようなものが古くから形成されていました。江戸時代の仏教は、これを応用してさまざまな法要を作り出しました。

日本人の死後の世界観とは、次のようなものです。

まず、人間が死んだ直後の霊魂は荒れているとして、これを、

――荒御魂《あらみたま》――

と呼びました。この荒御魂のうち、いちばん荒れている状態を、

――精霊《しょうりょう》――

といいます。精霊が少し落ち着いた段階が荒御魂というわけです。遺族が荒御魂を丁重に祀り、鎮魂の儀礼をしていけば、最後には、

――和御魂《にぎみたま》――

になるとされます。日本人は、この精霊と荒御魂の段階をまとめて、

――ホトケ――

と呼びました。そして、和御魂になった霊魂を、

――カミ――

と言ったのです。よく、「ホトケなんて言うが、死んだばかりですぐほとけになんかなるもんか」などと言って怒るお坊さんがいますが、それはとんでもない誤解です。ホトケというのは、死んで荒れている状態の霊魂なのです。

中でもいちばん荒れているのが四十九日、あるいは百カ日くらいまでの霊魂で、精霊の段階にあると見るわけです。もう少し極端な場合、一年くらいの間は荒れている、つまり精霊の状態だとして、これを追善供養します。荒れた魂を鎮めることによって、和御魂にしていくわけです。

中陰と年忌法要

その儀礼として行われるものが、

――中陰――

の法要です。これはインドの霊魂観からきています。インド人は、死んだばかりの霊魂はすぐには再生せず、四十九日の間宙ぶらりんの状態にあると考えていました。この四十九日の間を中陰といいます。この期間が過ぎると、地獄・餓鬼・畜生・阿修羅・人間・天界という「六道」のうちのいずれかの世界に生まれ変わるとして、このような考え方を「輪廻転生《りんねてんしょう》」と呼んでいます。

この中陰の間、初七日、二七日《ふたなぬか》、三七日《みなぬか》……と順番にお経を読んでいって、四十九日まで魂鎮めを行うわけです。そして百カ日、次が一周忌、三回忌と、中陰の法要は年忌法要に結びついていきます。

どうして一周忌の翌年が三回忌なのかというと、死んだ年があの世の一歳ですから、一年を経た時点で二歳になります。この時一周忌を行うのですが、もう一年たったら三歳になりますから、今度は三回忌になるわけです。だから、満年齢で計算するとわからなくなります。一から出発すれば、当然三回忌になるのです。そして次は、七回忌、十三回忌と続きます。

年忌法要は、儒教の考え方に起因します。儒教では、「喪に服する」という習わしがあります。父親や母親などが死んだ場合、喪に服するのは喪主の当然の務めとされ、だいたい三年は喪に服するようにいわれています。三年とはあしかけ三年ですから、二十五カ月ということです。これはちょうど三回忌に一致します。この間は喪に服せよというのが、儒教的な考え方です。

本来は、四十九日あるいは百カ日までが「忌」、つまり死穢のゆえに他人との接触が禁じられている期間で、あとは「喪」に服するということになっていたのだと考えられます。それは三回忌くらいまでだったのですが、平安時代になると、もう少し長い期間喪に服そうということになります。天変地異は荒御魂のたたりだと考えましたから、もっと長く魂鎮めをやろうということになり、風習として七回忌や十三回忌を行うようになります。だいたい、平安時代までは十三回忌くらいで終わりだったと考えていいと思います。

ところが、神道ではまた考え方が違っています。神道では、死んだ霊魂が神になるのに三十三年はかかるとしています。三十三回忌というのは、ここから出てくるのです。三十三年ないしは五十年くらい死者を祀《まつ》っていれば、荒御魂は和御魂になるというのが神道の考え方です。

わたしはこれがわからなくて、戦犯として処刑された東条英機が三十三回忌を期して靖国神社にご奉祀された時、「三十三回忌は仏教のものだ。神道はいつの間に仏教に改宗したんだ」と皮肉を書いたことがあるのですが、あとで調べてみたらそうではありませんでした。三十三年たったら神になると考えていたのは、実は神道のほうだったのです。それまでの死者の魂は荒御魂、つまり不安定な霊魂だと考えていたわけです。

江戸時代になると、お葬式を義務づけられたお坊さんたちは、そういったさまざまな考え方を一切合財ひっくるめて、一周忌、三回忌、七回忌、十三回忌、十七回忌、二十三回忌、(二十五回忌) 二十七回忌、三十三回忌 (三十七回忌)、五十回忌、(七十五回忌)、百回忌まで勤めなさいというふうに広げていったわけです。そのようにして法事や追善供養の理論を作り上げ、財政の基盤としました。

先祖供養とたたり

江戸時代の仏教は、神道や儒教、その他なにもかも取り入れて、ご先祖さまの崇拝、先祖供養ということを庶民の間に植えつけました。その風潮は、最近にまで引き継がれています。だからわたしは「悪乗り」だと言っているのです。

最近のお坊さんの中には、こういうことを言う人がいます。

「あなたの親は二人いるでしょう。その親にはまたそれぞれ二人の親がいて四人になります。その四人にはまた二人ずつ親がいて、合わせて八人になります。その上は十六人、さらにその上は三十二人と増えていき、二十五代前くらいになれば一億を超える。それだけのご先祖さまのおかげを受けて今のあなたがいるんです。だからご先祖さまを大事にし、ご供養しなければならない。そういう報恩感謝の念を忘れるからたたりが生じるのです」

これはインチキです。ばかなことを言いなさんなと言いたい。というのは、この論理の前提は、夫婦は二人で、しかも一人しか子どもを産まない場合の計算なのです。しかし、実際は五人も産む人もいれば二人の人もいる。四人かもしれない。一人しか産まないことを前提にするなんてとんでもないことです。

結局、江戸時代以降仏教はそんなふうに悪乗りをし、世間に先祖供養を植えつけました。その結果、そういう先祖供養をしないとたたるぞ、たたるぞという脅しの宗教になったわけです。

そのへんがインチキ宗教のつけ込むところで、新興宗教はたいがい先祖供養を売り物にしています。

——あなたが先祖供養をしていないからこういうたたりが出てきている——
——先祖供養をおろそかにするから不幸があるんだ——
と言って庶民を脅し、布施を強要する。こういうパターンは、全部江戸時代以降作られた悪乗りです。

お正月はご先祖さまの里帰り

ご先祖さまの話題が出たついでに、少しむだ話をしましょう。日本人は、意外とお正月の意味がわかっていないようです。カレンダーが一枚めくれるとお正月になるんだと思っている人が多いようですが、神道の意味をよく知っていた江戸時代までの人間は、そんなばかなことは考えていませんでした。

お正月とは、「お正月さま」あるいは「年神さま」、または「歳徳神」と名づけられる神さまで、ご先祖さまの集合霊なのです。各自の家のご先祖さまの集合霊が、それぞれの家に戻ってこられる時がお正月というわけです。

その神さまが戻ってこられる時の依代《よりしろ》が、門松です。だから、門松は各自の家らしいものをちゃんと作っておかないと目印になりません。そうでないと、ご先祖さまが間違ってよその家に行ってしまうかもしれません。

お正月には、このように神さまが家に帰ってきて、家族が神さまといっしょに寄り集まって共同で食事をします。神さまと人間がともに食事をするわけです。これを「神人共食」といい、神道における正月の大きな行事となっています。

お正月に使用する箸は、両端が丸くなっています。あれは、片一方は神さまが食べられるのでそうなっているのです。ご先祖の集合霊と子孫たちがみんなで寄り集まっていっしょに食べる、そういう儀式を行うのがお正月です。

また、十二月十三日を「すす払い」といいます。すす払いというと、ほとんどの人は大掃除の日だと錯覚していますが、そうではありません。家の中が祭場になる準備を始めるのが十二月十三日で、これがすす払いです。

一家の長が神主になって祭りを行いますから、神主は十二月十三日から物忌みに入ります。神主が潔白になるわけで、これを「精進潔斎」といいます。お正月とは、そういう行事なのです。

お盆はホトケさまの里帰り

お盆にも同じことがいえます。お盆の行事とはなにかといえば、これもまたご先祖さまの集合霊が帰ってこられる時なのです。ただし、お盆ではまだ神になっていない精霊と荒御魂のご先祖さまが帰ってこられます。だから、「ホトケ」の集合霊がお帰りになるのがお盆であるということができます。

十二月十三日からお正月さまを迎える準備をするように、お盆では七月七日からご先祖さまを迎える準備をします。家の中を祭場にするわけです。具体的には、七月七日に精霊棚を作ってお祭りするのです。今では別の行事のように思われていますが、実はこれが七夕の行事です。

そのように振り返ってみると、お盆とお正月はまったく同じ行事といってもさしつかえないのかもしれません。違いを言えば、次のようにいえるでしょう。

お正月――和御魂になった霊魂をお迎えする行事

お盆――ホトケの段階の霊魂をお迎えする行事

また、「お彼岸」というものがありますが、これはお正月やお盆とはまったく別の仏教行事です。習俗ではなく、お花祭りや成道会などというものと同じような仏教における行事ですから、分けて考える必要があるでしょう。

江戸時代の仏教は、お正月やお盆などという日本民族に古来からあった行事を仏教行事的な形でいっしょくたにして取り入れ、国民的な行事としてみずからの経済的な基盤を確立していったのです。そこが、わたしが「悪乗りの江戸仏教」と呼ぶゆえんです。

仏壇と儒教の関係

お葬式が済むと、各家庭には「仏壇」が祀られて位牌が安置され、礼拝の対象になるわけですが、実は、この仏壇もやはり儒教の要素の強いものです。

というのは、前述のように、儒教では人間を魂と魄に分けて考えます。人が死ねば魂と魄は分離するのですが、死者の供養を行うことによってやがて魂と魄は合体し、再生することができるとされています。そして、儒教ではそういう儀式を執り行ってきました。その依代になるものが、

——位牌——

だったのです。先祖の依代である位牌を子孫が祀ることによって、日本的な観念でいえば死者は和御魂になるということでしょう。庶民の家では、この位牌は二代か三代くらい祀ればいいとされています。そうすると、死者は「鬼籍」に入ることができます。

中国人はよく、「おまえ、そんなことをすると鬼籍に入れんぞ」などと言いますが、鬼籍ということばはそれほど中国では一般的に使われます。死んだ者が鬼籍に入れないと、帰属するところがなくて悪鬼となり、さまようことになって安定できないのです。

だから、庶民の家では二代か三代位牌を祀れば、死者は鬼籍に入ることができるとされま

位牌を祀った仏壇（首都圏のごく一般的な浄土真宗の家庭のもの）

す。たとえば父親が死んだとすると、まず自分がその位牌を祀ります。次に、自分の子どもにとっては祖父にあたるわけですが、その子どもがおじいちゃんの位牌を祀ります。さらにその子ども、つまりひ孫の代になると、そのおじいちゃんの位牌は鬼籍に入れることになります。具体的には、位牌を焼いてしまうところもあるし、あるいは鬼籍堂のようなところにおさめてしまってもういちいちお祀りをしないのです。

庶民の家では二代か三代ですが、貴族階級になると七代祀るとか、天子の位になると三十三代祀るというように、すごく延びてきます。それもステイタスによって変わってくるわけです。

日本の場合、ご先祖さまを三十三年祀るのですから、だいたい二代ということができます。

そのへんまで祀れば、中国式にいえばあとは鬼籍に入ると考えました。

日本人は鬼籍ではなく神、つまり和御魂になると考えたわけですが、それにしても、中国と同じように位牌とそれを入れる位牌堂が必要だということになったのだと思います。それらが家庭の中になければならないということで作られたのが仏壇だったのではないでしょうか。中国人は、家の中に位牌を安置する位牌堂を持っています。その位牌堂に匹敵するものとして仏壇が作られたものと考えられます。これもたぶん、江戸時代あたりのことでしょう。

こうして仏壇が作られ、ご本尊が安置されてその下に位牌が置かれるようになりました。仏教徒なら、本来はご本尊さまを拝むのが正しいのですが、ご本尊さまより位牌のほうを大事にするのは、今まで述べてきたような儒教の影響によるといえるでしょう。

わたしは、仏教徒なら仏壇に向かって手を合わせる時、位牌ではなしにほとけさまを拝むべきだと思います。あるいは「南無阿弥陀仏」「南無妙法蓮華経」と、お念仏やお題目をおとなえするべきでしょう。

ところが、日本人は中国人にならって仏壇に位牌を同居させてしまいました。つまり、仏壇が位牌棚化してしまっているのです。その意味では、われわれは仏壇から位牌を取り出してしまったほうがよい。そのほうが本来の仏教に戻れるのではないかとわたしは考えています。

第三章 お葬式のかたちと作法

死に化粧は肉体の処理

この章では、お葬式の流れや形、作法などを含めて、それがはたしてどんな意味を持っているのか、あるいは単なる習俗や迷信でしかないのかということを中心に見ていきたいと思います。

現在では、ほとんどの人は病院で亡くなると言っていいと思いますが、病院では患者が亡くなると、遺体をきれいに洗って鼻や耳に綿をつめます。これは「清拭《せいしき》」といわれていますが、宗教的な意味合いは特にないと考えていいでしょう。

死体はどんどん腐っていきます。だから腐臭もしてきますし、鼻汁なども出てきます。耳からも腐ったものが出てきますから、これを止めないといけません。それが清拭の役割だと思います。

かつては、人が死ぬとまず「湯灌《ゆかん》」といい、死出の旅路につくために死者の体が洗い清められました。それから、男性ならひげを剃り、女性なら薄化粧をして髪を整え、「死に化粧」が施されました。この時に出家した形を取るために髪を剃るまねをしたりするのですが、今ではこれらは清拭の中に含められ、魂の処理の意味はほとんどなくなって肉体の処理として行われているのが実態です。

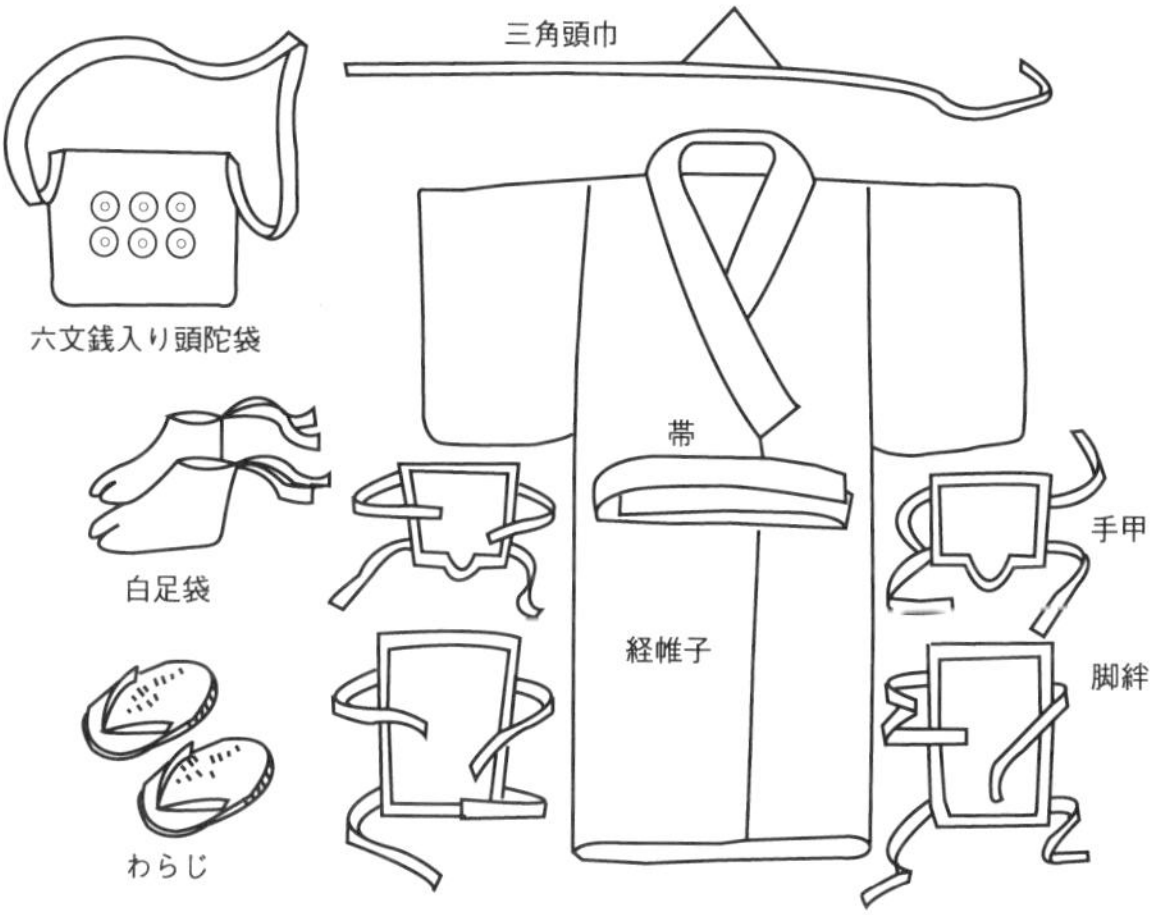

死に装束（霊場を巡る巡礼の姿といわれる）

最近では〝エンバーミング〟といい、血管から防腐剤を注入して遺体を長く生きているように保つ技術もアメリカから導入され、利用者も増えているといいます。これは、海外で事故や病気のために亡くなった人が、自宅に運び入れられるまで体が腐らないように施される場合が多いそうです。いずれにしても、肉体の腐敗を処理に都合のいい時点まで引き延ばすための技術で、霊魂の処理とは関係なさそうです。

遺体に死に化粧を施したあと、「死に装束」が着せられます。経帷子《きょうかたびら》を左前に着せて額に三角頭巾をあて、手甲《てっこう》、脚絆《きゃはん》、白足袋をつけさせ、わらじを履かせます。そして数珠や杖、六文銭を柩《ひつぎ》に入れます。要するに、霊場を巡る巡礼者のかっこうで、これから死出の旅路に出るために身につけさせる服装でしょう。

その意味では、死に装束は魂の処理の名残を感じさせる習俗です。浄土真宗では、生前より阿弥陀仏によってすでに救済されているという教義から、死に装束は否定されており、最近ではほかの宗派でも正式な死に装束を着せることは少なくなりました。その代わり、死者が生前好きだった服装をさせたり、葬儀社が用意した略式の経帷子を遺体の上にかけて済ませることが多くなっているようです。

死者の渇きを癒す末期の水

病院であれ家庭であれ、人が亡くなると、その場に立ち会った人たちによって、割り箸の先に脱脂綿を巻いて糸で縛ったものに水を含ませ、死者の唇に塗ってあげます。筆を使う場合もありますが、これを「末期《まつご》の水」とか「死に水」と呼んでいます。

そのいわれはよくわからないのですが、仏教ではその習俗を経典に関連づけて、こんなふうに説明しています。

お釈迦さまはご自分の死期を悟った時、生まれ故郷の方角に向かって侍者のアーナンダと旅に出ます。そしてパーヴァー村に至った時、鍛冶工のチュンダから豚肉料理のスーカラ・マッダヴァという食事（北伝の伝承ではきのこ料理とされています）を供養され、これにあたって下痢をし、激しい苦痛に襲われます。

途中一本の木の根もとに座り、お釈迦さまはアーナンダにのどが渇いたので水をくんできてほしいと頼むのですが、アーナンダはこう答えます。

「尊い方よ。いま五百の車が通り過ぎました。（ここにある）その（河の）水は、車輪に割り込まれて、量が少なく、かき乱され、濁って流れています。かのカクッター河は、遠からぬところにあり、水が澄んでいて、水が快く、水が冷やかで、清らかで、近づき易く、見るも楽しいのです。尊師はそこで水を飲んで、お体を冷やしてください。」

（『ブッダ最後の旅』中村元訳・岩波文庫）

要するに、「この近くの河の水は車が通ったばかりで濁っているから、水のきれいなカクッター河までがまんしてください」とアーナンダはお釈迦さまに言うわけです。ところが、お釈迦さまはこらえきれないくらいのどが渇いていたのでしょう。

「アーナンダよ。わたしに水をもって来てくれ。わたしは、のどが渇いている。わたしは飲みたいのだ」

そう要求します。このやり取りを三度続けたあと、アーナンダがしかたなく車で濁った近くの河に行くと、不思議なことに水は透明に澄み、濁らずに流れていたというのです。アーナンダがくんできたその水を、お釈迦さまはおいしそうに飲まれたという話が伝えられています。
これが末期の水の由来だという説もありますが、こじつけくさいと思います。実際は、臨終に際し死者ののどの渇きを遺族が想像し、少しでも苦しみや渇きを癒してあげたいという気持ちの表れがそういう習俗に結びついたのではないでしょうか。

今は病院で人が亡くなると、遺体は霊安室に運ばれて、遺族から特に指定がないかぎり、病院が葬儀屋さんに連絡をして家に運ばれるようです。葬儀屋さんは遺体を運ぶ専門の車を持っていますが、自分で運びたいという人は自家用の車で運んでも法的には問題ないそうです。ただし、死亡診断書と埋葬許可証を持っていなければならないということです。

帰宅した遺体――なぜ「北枕」にするのか

家に運び込まれた遺体は、頭を北の方角に向けた、いわゆる「北枕」に寝かせられます。このいわれもはっきりせず、迷信と考えていいと思います。

よくいわれる説では、お釈迦さまの涅槃《ねはん》の姿をまねているといわれます。お釈迦さまは亡くなる時、クシナガラの二本のサーラ樹の間に横たわりました。サーラ樹は漢字で〝沙羅〟と表記されますが、有名な『平家物語』の冒頭の、

「祇園精舎《ぎおんしょうじゃ》の鐘の声、沙羅双樹《さらそうじゅ》の花の色」

頭北面西右脇臥の釈迦涅槃像（クシナガラにて／撮影・松本栄一氏）

ということばの「沙羅双樹」は、この二本のサーラ樹のことをいっているわけです。二本の沙羅の樹だから沙羅双樹ということです。

お釈迦さまは沙羅双樹の間に横たわり、頭を北に向け、右わきを下にして顔を西に向け、涅槃に入られたといわれます。このお姿は、

――頭《ず》北面西《ほくめんさい》右脇臥《うきょうが》――

と呼ばれ、涅槃を表す仏像はこの姿で作られます。

この姿勢は右わきを下にしますから心臓が上になって苦しくありませんし、天井を向いて寝ると重力で鼻孔が圧迫されていびきをかさやすいといいますから、意外に理想的な寝姿なのかもしれません。

しかし、それにしても、亡くなった方を北枕には寝かせますが、右わきを下にするわけでは

ありませんから、涅槃のお姿をかたどっているとしたら中途半端な形です。要するに、習俗にあとで理屈をつけたものだと思います。その意味でも、まったくこだわることのない迷信といっていいでしょう。

北枕に寝かされた遺体の布団の上、または枕もとには、小刀やカミソリ、包丁やはさみなどが置かれます。これらは「守り刀」と呼ばれ、魔除けや鎮魂の意味を表すといわれますが、やはり俗信からくる習俗と考えていいと思います。その証拠に、お釈迦さまが亡くなった時に守り刀を置いたなどという文献はまったく見あたりません。

また、遺体の枕もとには、白木か白布をかぶせた台が用意され、その上に香炉、燭台、花立てが並べられます。これを「枕飾り」といい、花立てには樒《しきみ》がいけられます。ほかに、水や茶碗にごはんを盛り、箸を一本立てた枕飯、枕団子などが用意されるところもあります。

人は死んで中陰をさまよっている間「意生身《いしょうじん》」という姿の見えない存在となり、香りだけを食するので「食香《じきこう》」とも呼ばれます。だから香炉に線香を絶やさず、樒など香りの強い植物が供えられるといい、また枕飯や枕団子は冥土の旅のお弁当だなどといわれますが、これまた俗信の習俗といっていいでしょう。浄土真宗などでもこれを俗信とし、行わないのが一般的なようです。

死者の目をくらます搬送

家の中に遺体を運び入れるのは先ほど言ったとおりの状況ですが、家から運び出す時は少し別の意味が加わります。というのは、洋の東西を問わず、昔から死者は怖いものだったからです。死者が家に帰ってくるのが怖かったので、帰ってこれないように各地でいろいろな習俗が生まれたのです。

仏教が発祥する以前の、紀元前一〇〇〇年ころの古代インドの「ヴェーダ文献」などには、葬送の儀礼が載っています。それを見ると、たとえば棺おけを担いでいく時に、死者が足跡を伝わって帰ってくるから、棺おけの後ろに箒をつけて、足跡を箒で消しながら歩けなどということが書かれています。やはり、死者が帰ってくることが怖かったのでしょう。

ですから、棺おけを家から運び出す時は、日本でも昔から通常の戸口は使いませんでした。わざわざ壁をぶち破って出すとか、あるいは窓から出したりしたのです。要するに、死者が知らない出口を設けてそこから出す。そして、出したところで棺おけを二、三度ぐるぐる回して方向をわからないようにして運ぶなどという方法が取られました。これらも死者の目をくらまし、家に帰ってこれないようにするための迷信です。

霊柩車は往復同じ道を通らないなどといわれていますが、それらの風習もすべてそういう迷信に基づいて行われているのです。

ただし、これらの習俗も、同じ日本でも地域、地方によってまったく違います。たとえば北海道あたりではお通夜を大事にし、みんながお通夜に行きます。ところが、大阪あたりに行くとお通夜は身内だけでやるものだという認識になり、よほど親しい者でないとお通夜には呼びません。本葬に来てもらうんだという考えです。もっとも、これも最近はだいぶ様変わりしています。

また、お寺に死体を安置させるところと、「とんでもない。死体なんか不浄だから持ってくるな」というお寺もありますし、地域や地方によって、習俗・風習はバラバラだといっていいと思います。

神棚と仏壇を使い分ける日本人

それから、日本の家庭にはいまだに神棚と仏壇がいっしょに祀《まつ》られている場合が多いのですが、お葬式の時に両方に灯明や線香をあげればいいのか、どうすればいいのかわからなくて迷っている方もけっこういらっしゃるようです。これについて、基本的なことだけお伝えしておきましょう。

原則として、神棚は神道の祭壇、仏壇は仏教の祭壇ということですから、両方がいっしょにあること自体がおかしいのです。

明治維新の時、日本は天皇を神として担ぎ上げ、国民に国家神道を強要して軍国主義の道を歩みました。その際、日本国民各自の家に神棚を置けと強制したものですから、いまだに神棚と仏壇の両方を置いている家もあるわけです。

一応、神棚と仏壇を使い分けていた昔の日本人は、葬式があると、つまり死者が出るとすぐに神棚を隠しました。神棚の戸を閉め、白い半紙を貼って神棚を閉じたのです。神棚に線香や灯明をあげたら怒られますから、神さま、ちょっとお眠りくださいというわけで休業していただいていたということです。

江戸時代に幕府によって檀家制度が敷かれ、お葬式が寺院の専売特許になってから、仏事と神事が分かれてお葬式は仏事であるとみなされたことも、お葬式の時に神棚を閉ざす一因になっているのでしょう。江戸時代の檀家制度と、明治時代の国家神道政策がいまだに尾を引きずっている例だと思います。

ですから、江戸時代以降葬式仏教の流れというものができて、お葬式や法要の中に古来からあったさまざまな習俗が取り入れられたのです。それがいまだに日本の各地で行われ、わたしたちの生活を形作っているというわけです。

死者と生者の世界はすべてが逆

わたしたち庶民がそこまで習俗に縛られる大きな要因のひとつに、やはり死体が怖いということがあるのは見逃せないでしょう。ですから、死者を怒らせまいとする工夫がまたいろいろな習俗を生み出すことになります。

たとえば、あの世とこの世はまったく逆なんだから、お葬式の時にはなんでも反対にしてしまうなどという風習も生まれました。死者の側で見ると正常なことが生者の側で見ると異常であり、生者の側で見ると正常のことが、死者の世界では異常と考えたわけです。前に死に装束のところで言ったように、着物を左前に着せるなどというのもそのひとつでしょう。普通、着物は右前に着るものです。

湯灌の時も、「逆さ水」といって、最初にたらいに水をくみ、これに沸騰したお湯を入れて適温にするというやり方をします。普通はお湯をわかし、それから水を加えて適温にしますよね。それを反対にするわけです。そして遺体を洗ったあとは、お湯は穢れたとして床下や穴に捨てられました。もちろん、今はこういったことをやっているところは少ないと思います。

また、「逆さ屏風」といって、遺体の枕もとに屏風を逆さに立てる風習もあるそうです。屏風は外部の悪霊から遺体を守るためであったり、または死体の穢れが外に出て悪さをしないようにと立てられるのでしょうが、その屏風もまたこの世とは反対に飾るわけです。場所によっては、草履を頭の上に載っけたりするところもあるといいますから、死者の世界を反対にひっくり返すそのしかたも徹底していると感心します。

それから、死に装束は白で喪服は黒です。だからこれも死者と生者の世界を逆にしたのかと思われがちですが、この場合はそうではありません。昔は喪服は白だったのです。今は黒が喪服だということになっていますが、昔から基本的には喪服は白でした。

「敷島の大和おのこの行く道は赤き着物か白き着物か」

などという歌がありました。日本男児は斬り死にして赤い血の中で死んでいくか、それとも喪服である白い着物を着て切腹するかのどちらかであるという勇ましい意味ですが、この歌もやはり白が喪服であることを表しています。

この場合は、昔は白だった喪服が今は黒になってしまったというように、現象自体が反対になってしまった珍しい例です。これは根拠のないただの推量ですが、葬儀場の白と黒の幕などというのも、あるいはこのへんが関係しているのかもしれません。

これらもろもろのことは、迷信の世界ですから、知識としては知っていてもいいでしょうが、むやみに引きずられないようにしてほしいと思います。

棺と柩の違い

知識と言ったついでに、調べていてわかったので、ひとつ棺おけのことをお知らせしておきます。棺おけのことを「ひつぎ」といいますが、文字としては「棺」と「柩」の二種がありまス。これは「棺」が物としての棺おけを表し、それに遺体を入れたものを「柩」というのだそうです。棺と柩は死者の世界を反対にした例ではありませんが、死者が入ることによってものの意味が変わる例といえるでしょう。

また、棺には「寝棺」と「座棺」があり、江戸時代までは圧倒的に座った形で遺体を入れる座棺が主流でした。寝棺は一部の高貴な人だけのもので、ほとんどはおけ型の座棺だったのです。そこで「棺おけ」ということばが一般用語として広まっているわけです。

虚礼と化した香典

香典も地方によって扱いはさまざまです。たとえば沖縄の一部の地域では、香典を認めないところもあります。香典などを持っていったら怒られてしまうのです。「葬式は遺族がやるもの、喪主のわたしが執行するものだ。このわたしが貧乏で、家族の葬式をあげる金もないと思っているのか。どういう意味があってこんな金を持ってくるのだ！」というわけです。

これは理屈に合っていると思います。たとえば親のお葬式は子どもがやるものでしょう。それなのに、他人がどうしてお金を持っていくのでしょうか。だいいち、もともと香典とは不幸があった身近な家に食料を持っていく「食料香典」のことでした。それがお金に取って代わる「金銭香典」になったのは、大正期から昭和期のことだといわれています。つまり、お葬式をお金が支配するようになったのは最近のことなのです。

現代人は、どこかで香典をお金のやり取りと錯覚しているんだと思います。基本的に、「香典半返し」「祝儀倍返し」などといわれて一応の原則のようなものがあるのですが、それはだれにでもそうなのではなく、持っていく人、返す人が限られているということがよく理解されていないようです。

わたしがテレビに出演した時、「葬式の香典は半分お返しすればいい。祝儀の時は倍返しという基本があるんですよ」と言ったら、いっしょに出ていた某タレントが、「それやったら、今度結婚祝いがあった時、百万円持っていったら二百万円返ってくるんでっか。そりゃええこと聞いたわ」などと言うものですから、「あなた、バカなことを考えちゃいけない」とたしなめました。要するに、結婚祝いや香典を持っていくのは、本家に対する分家の人間なのです。

本家のお祝いだから、分家の人間がご祝儀を持っていく。本家のほうでは、「分家の人間がうちの娘の結婚祝いに来てくれた。本家の面目が立ってよかった」ということで、今だったらけです。
二、三万円包んできたものに対して五、六万円くらい返す。それが本家としてのしきたりなわけです。
では、分家の結婚式に本家がどうするかといえば、本家は費用を全部出してやります。それが本家の務めだからです。これを、本家が分家と関係ない家にまで同じことをやっていたとしたら、本家はやがてつぶれてしまうでしょう。そういう意味で、ご祝儀や香典をやり取りする家は限られていたのです。

江戸の落語にも、大家さんの家でお祝い事があるので、店子が喜んでご祝儀を持っていくという話があります。それを持っていけば大家さんのふるまいがあり、倍返してもらえる。これは一生に一度のお祝い事だというので気張っていくという話ですが、このお祝いを赤の他人が持っていったとしても返してくれるはずがありません。店子だから持っていけるものでしょう。同じように、香典も持っていける人間は限られているのです。親族や近隣の親しい人です。

また、江戸時代あたりの文献を調べてみると、たとえばお祝い事やお葬式があった時、隣近所からご祝儀や香典を持って駆けつけていきます。隣近所はつき合いがあるのですからあたりまえですね。しかし、この場合、香典返しをしてはいけないのです。香典返しをしたら村八分にあってしまいます。

なぜなら、つき合いというものは長いものですから、この次なにか向こうの家で同じようなことことがあった時に、今度は反対に同じようにしてもらえばいいということです。たとえば火事見舞いを受けたとします。「急場でお金にお困りでしょう。どうぞお使いください」という意味で持ってきてくれるわけですから、それに対して、「はい、ありがとうございました」と言ってお返しをしたら、もう二度とつき合わないぞと宣言しているに等しいことになるでしょう。

そうではなくて、この次向こうに火事などが起きた場合（もっとも、火事はしょっちゅう起きるものではありませんが）、何代かのちになっても同じことをさせてもらうというのがほんとうのお返しです。だから、昔はどこの家にも大福帳や香典帳などというものがあり、だれが来ていくらいただいたかということをつけておいたのです。

今の儀礼的な香典やご祝儀を考えると、昔のやり方のほうがずっと理にかなっているように思えます。わたしはもう一度、今の香典のあり方を考え直したほうがいいと思います。

火葬が一般化したのは戦後

次に火葬の問題について考えましょう。現在では、火葬は衛生上の問題として推奨されています。土葬は伝染病の危険も大きいからです。その意味では、今の日本では火葬はほとんど肉体的な処理であるといえるでしょう。

しかし、わが国の習俗としては土葬が基本で、火葬が急速に普及し出したのは戦後です。今でも火葬が一〇〇パーセントではありませんが、すでに全国的に普及したといっていいと思います。

仏教が伝わってくるまでは、土葬がすべてだったといえます。火葬は仏教とともに日本に入ってきたのですね。遺体を火葬にすることを、

――茶毘《だび》に付す――

といいますが、これはインドの古いことばで火葬にすることを〝ジャーピタ〟といい、このことばを音写したものです。インドでは古くから火葬が行われており、お釈迦さまも火葬でしたから、日本でも火葬は高貴な人の死の処理と受け取られ、一部の人に実施されたのでしょう。

インドはヒンドゥー教の国です。ヒンドゥー教では輪廻《りんね》転生《てんしょう》を信じています。つまり、人は生まれ変わるわけですからお墓はいりません。ただし、茶毘に付して煙とともに天に昇った魂が輪廻するのですから、火葬は魂を天に送るという意味を持っており、インド人にとって火葬は大事な葬送儀礼になるのです。

それに対して、イスラム教徒は亡くなった人を火葬にしません。火葬にすれば必ず地獄に堕ちると信じていますから、土葬です。そして、イスラム教徒の場合はお墓を作ります。

記録によると、わが国で最初に茶毘に付されたのは法相宗の道昭で、その後持統天皇、文武

天皇、元明天皇、聖武天皇などが火葬にされています。やはり高僧や天皇など、高貴な人ばかりです。

火葬というと、

――お骨上げ――

を思い起こします。焼き上がった骨を、二人が一組になって箸で拾い、骨壺におさめる習俗のことです。子どものころ、なべ料理をやっていて、二人で肉なんかをいっしょに持つと、「こら、箸から箸に渡すのはお骨上げのやり方だ」などと言ってよく怒られたものです。

これは「箸渡し」ともいい、「橋渡し」につながるので、死者が三途の川を無事に渡れるように祈るところからきているなどと説明されますが、実際には無意味な迷信で、だれかがやり出したことを、そのとおりだなどと言って儀式化されてしまったのでしょう。こんな風習は古い伝統ではないと思います。

ただ言えることとは、日本人はなぜか骨にこだわる民族だということです。お骨上げ自体もそうですし、最後にほとけさまが座って合掌している姿をしているなどといって、のどぼとけを故人ともっとも近い人が拾うなどという風習にも骨へのこだわりがあると思います。

地方によってはお骨をかじるなどというところもあるらしいですが、そのような遺体へのこだわりや処理方法は、各民族によって千差万別なのでしょう。

ヘロドトス（紀元前五世紀のギリシャの歴史家）の歴史書を見ると、あるインドの少数民族に、「おまえは親を火葬にしろ」と言ったところ、「火葬になんかできっこない。親には愛情があるんだから食べないといけない」と言ったと出ています。子どもたちが人親の死体を食べることがいちばんの愛情の表現だというわけです。

それぞれの民族で風習があるということです。前に触れた、古代ローマの最後の息を吸い取るような行為もそのひとつの名残でしょうし、お骨をかじるというのもそういう意味でしょう。ことに、骨にこだわる日本人は、火葬の時に温度を調節して骨を残すようにしたりします。

故伊丹十三監督の「お葬式」という映画がありました。その中に火葬場のシーンが出てくるのですが、小林薫扮する火葬場の係はいろいろな技術を持っていて、火加減を調節して焼き方を工夫していました。たとえば幼児の場合、普通の火加減で焼いてしまうと幼いだけに骨ごとなくなってしまいます。そこで、できるだけ温度を下げて骨が残るようにするとか、葬儀ビジネスのあれこれが紹介されていましたが、それなども別の面では、日本人の骨に対するこだわりを描いていたともいえるでしょう。

伊丹十三監督が「お葬式」という映画を撮ろうと思ったきっかけは、葬儀社の人が履いている靴にあったらしいです。白と黒のツートンカラーの靴なのですが、参列者たちが履いている黒い靴の中で、葬儀社の人間は素早く自分の靴を見分けなければならない。しょっちゅう家の中と外を行き来しますから、自分の靴をさっと見分けて機敏に行動しなければプロとして恥ずかしいというので、わざわざ特注で作っているのがツートンカラーの靴だというのです。

伊丹さんは、それを見て感心して「お葬式」という映画を作ったというのですが、白と黒のツートンカラーの靴を思いついた葬儀屋さんも、それに関心を持った伊丹さんも、プロとして実にいいこだわりを持ったからいい作品ができた例だと思います。

火葬にしたあと、東京都では遺骨を全部持って帰らせます。昔は遺骨をほんのちょっと拾い上げて骨壺に入れた程度でしたが、今は灰まで全部骨壺に入れて帰らせます。それは、「うちのおじいちゃんは金歯をしていたのに、金がなくなっている。たぶん火葬場の人が金をくすねたんだろう」などと言われないようにするためだといわれています。実際には、火葬場の人がそんなことをするはずがありません。金は全部溶けてなくなってしまうのです。しかし、火葬場の人はそんなことを言われるのは心外ですから、それなら全部持って帰れという意思表示で、身の潔白を証明しているということのようです。

そのため、骨壺が年々大きくなっています。そしてお墓の問題にも関連するのですが、今度は割れない骨壺にしてほしいという要望が多いらしいのです。骨壺を収納するお墓の下の穴の部分を「カロート」といいますが、カロートの中は冬温度が下がります。すると、素焼きの骨壺などは水分を含んでいますから、それが凍ってピーンと割れます。割れればお骨が骨壺からはみ出て自然に土に還《かえ》るというのがあたりまえだったのですが、それでは困る、お骨はいつまでも残すべきだから割れない骨壺にしろという声が多いというのです。

それではお骨が自然に還れないわけですから、かえっておかしな風潮になっているなと感じざるをえません。

火葬の順番について言えば、お葬式・告別式があってそのあと火葬場に行く場合とか、逆に火葬してからお葬式・告別式を行う場合とか、地方によってさまざまです。先日伺った伊那の地方では、人が亡くなるとまずお坊さんがすぐに枕経を読み、それから火葬場に行って荼毘に付し、そのあとお葬式を行うそうです。だから、たとえば長男が東京で働いていて到着するのが遅くなるなどという時、帰ってくるまでお葬式は延ばせるわけです。

そういうところもありますし、先にお葬式をやってそれから焼き場に行くところもあるというように、いろいろです。それは、火葬の歴史が浅いからいろいろなパターンができてしまったということでしょう。

仏滅や友引は迷信

お骨上げなどもそうですが、習俗と化したお葬式にまつわる迷信というのは数え切れないほ

骨壺を収納するカロート

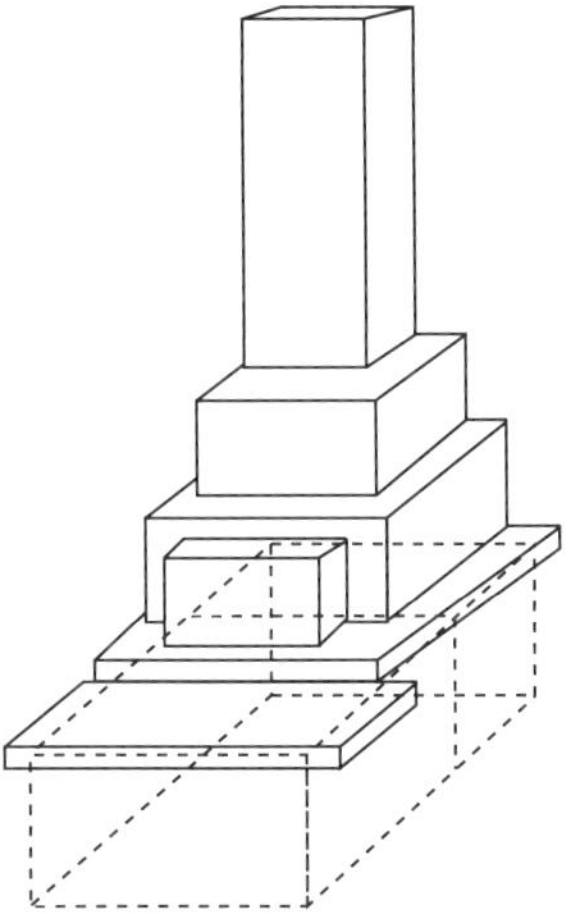

点線の部分がカロート（納骨室）

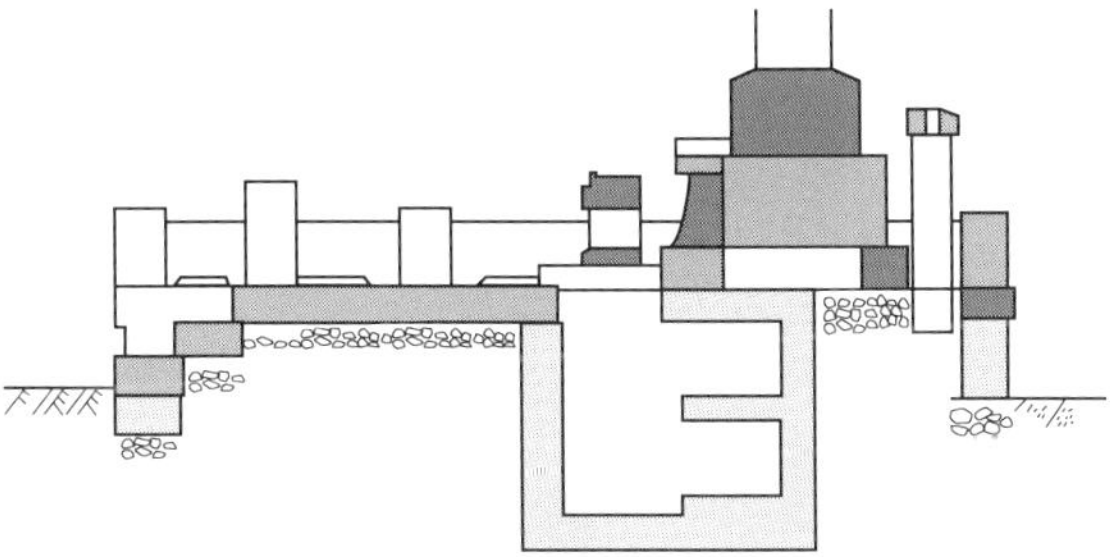

断面図

どあります。たとえば、仏滅の日や友引の日はお葬式をしないなどというのもそうです。あれは中国に「暦本」という暦に関する古書があり、その中に載っている「六輝《ろっき》」に由来します。先勝・友引・先負・仏滅・大安・赤口の六つで六曜ともいい、要するに吉凶の占いをするものです。

その中の文字がたまたま「仏滅」や「友引」と、仏が滅するという字だったり、友だちも死の世界に引き込むとも読める字だったりするために、この日はお葬式をしないほうがいいなどとこじつけられただけで、それらはみんな迷信です。

しかし、現在友引の日が火葬場の公休日になり、職員の方々が休んでいますから、そういう日を決めるのはいいことかもしれません。

通夜や告別式は土曜や日曜にやることが多いですから、火葬場の人たちが休めなくなってしまいます。亡くなる人は多いので、日を決めないと結局交代制ということになり、休日出勤も多くなって生活が不規則になるだけですから、友引に便乗して公休日にするのはいいことでしょう。

霊柩車は高級寝棺

遺体を火葬場に運ぶ霊柩車については、要するに寝棺を車にした発明品ということだと思います。もちろん車がなかった時代には存在しなかったものですから、日本独特の近代の発明品ということでしょう。

車がなかったころは、座棺がほとんどですから、棺おけに棒を渡してこれを前後から担ぎ、墓場まで運んでいって土葬にしていたわけです。これが最近になって寝棺と火葬が普及し、では車ごと寝棺にして火葬場まで運ぶようにしたらどうかということで考え出されたのが霊柩車でしょう。いずれにしても、肉体の処理にかかわる文明の利器です。

物忌み明けの精進落とし

火葬場から帰ってくると、「精進落とし」という宴席が設けられます。これは、物忌みにふけっていた期間が解けて日常の生活に戻るという意味で行われる行事です。

精進とは、もともと悟りを求めて行う努力のことですが、中陰の期間や忌日、六斎日などに酒肉を断ち、歌舞音曲を避けて身心を清めることを「精進潔斎」というようになり、その期間が明けることを「精進落とし」と呼ぶようになりました。この期間が明けると魚や肉、お酒などがふるまわれるのですが、これと葬儀を手伝ってくれた人へのお礼の意味が合わさって行われるようになったのが現在の精進落としの姿です。

塩をまく意味

また、火葬場から帰ってきた時に塩をかけますが、これは死体が穢《けが》れているからその穢れを清めるということです。今、浄土真宗などでは、故人が穢れるはずはないのであって、こんなのは迷信だから、塩をまくなどということをするなと言って反対運動をやっています。

確かに迷信には違いないのですが、神道では塩には穢れを清める力があるとされ、だから大相撲などでも塩をまくわけです。たぶん、日本は海岸国家ですから、海の水、塩水というものをたいせつにしてきて、それに威神力があるとされたのでしょう。

お焼香はにおい消し

また、お葬式を通じて、または終わったあとも「お焼香」が行われます。これはなぜ行われるのでしょうか。

基本的には、死体が臭いからそのにおいを線香で消すということです。ところがそれを説明するのに、前にも触れましたように、死んだばかりの霊魂は「意生身」(食香)、これをインドの古語であるサンスクリット語で〝ガンダルバ〟といいますが、死者はガンダルバとなって香を食物にするからだなどと説明がつけられたのですが、もともとは香で死体のにおいを消したということでしょう。

ですから、お焼香は一回でいいとか三度やるのが普通だとかなどと議論されていますが、三度もやると、亡くなった人に、「おまえ、くさいぞ」と言っていることになります。そう考えるとやめたほうがいいのかもしれませんね。

お香を頭にあててくべる人もいますが、あれもやめたほうがいいでしょう。なんでも拝めばいいというわけではありません。

だいいち、死者という対象を拝むこと自体間違っているのです。本来、わたしたちはご本尊さま、つまりほとけさまを対象として拝むべきなのです。それなのに、死者を拝んでいるケースがいっぱいあります。

各宗教に共通する数珠

お葬式に欠かせないのは「お数珠」です。これは「おじゅず」とも「おずず」とも発音されます。数珠とはサンスクリット語で〝ジャパマーラ〟といい、「数を取る」という意味です。お念仏を勘定するその数取り器ということです。ヒンドゥー教の神さまなどは異名の数が多く、たとえばシヴァ神ひとつとっても百八つの名前があります。だから、その百八の名前をもれなく唱えながら数珠を爪ぐり、数を数える計算機だったわけです。

これが仏教にも取り入れられ、ほとけさまを念じる時に使われました。だからこれを「お念珠」ともいいます。仏教では、わたしたちは百八の煩悩を持っているとされますから、念仏を一回称えるたびに一個爪ぐり、これを百八回繰り返して百八の煩悩を消し去るのです。

だから、数珠の数は百八個が基本でした。しかし、百八個ではいかにも多すぎるので、五十四個、四十二個、三十六個、二十七個、二十一個、十八個、十四個というような略式の数珠も出回っています。

ところで、先ほどのサンスクリット語、

――ジャパマーラ（japamara）――

ですが、これをもっと詳しく訳せば、〝ジャパ〟は「神を念じる」という意味で、〝マーラー〟は「輪」を表します。だから「念誦の輪」という意味になりますが、これをローマ人は、

――ジャパーマーラ――

と聞き誤りました。〝ジャパ〟（japa）を〝ジャパー〟（japa）と聞き間違えただけなのですが、これで意味は大きく違ってしまいます。〝ジャパー〟とは、サンスクリット語で「薔薇」を意味するのです。そうすると、〝ジャパーマーラ〟は「薔薇の輪」ということになり、ラテン語で〝ロザリウム〟（rosariumu）、ポルトガル語で〝ロザリオ〟（rosario）、英語で〝ローザリー〟（rosary）と呼ばれるようになりました。

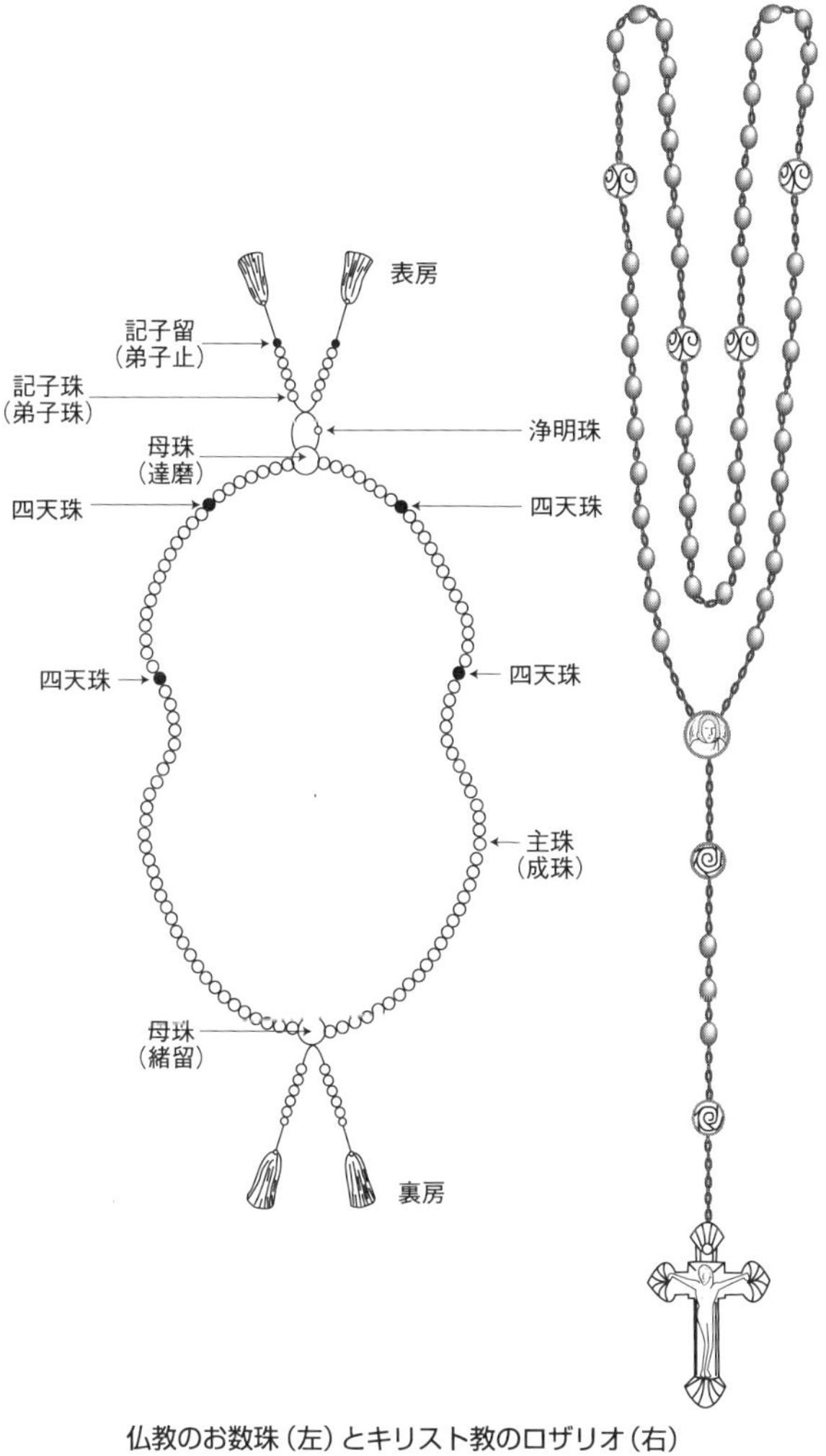

仏教のお数珠（左）とキリスト教のロザリオ（右）

キリスト教徒は、念誦を間違って薔薇の木だと思って〝ロザリオ〟と名づけてしまったのです。だからまったくの誤解だったのですが、ある百科事典などでは、反対に「ロザリオはバラの木から作る」なんて書いてあるのですからおもしろいものです。

ですから、お数珠はヒンドゥー教では神さまの名を数える数取り器、仏教ではほとけさまの名を称える数取り器、キリスト教ではイエスさまの名前を呼ぶ数取り器ということになります。なお、イスラム教徒も数珠を使います。おそらくインドのものが伝わっていったものと思われますが、アラーの神には九十九の異名があるので九十九珠、それに一個プラスされて百珠ついています。

第四章

宗教の世俗化とお葬式

葬儀社はなんでもやってくれる

何度も繰り返してきたように、お葬式は基本的に習俗なのですが、それを仏教は仏教なりにいろいろと意味づけ、神道は神道なりに工夫して意味づけてきました。そうした習俗や地域の特性、各宗教の意味づけなどを知ることによって、わたしたちは仏事や神事に向き合う時、自分なりの態度が選択できるようになるのではないでしょうか。

その意味で、現代宗教、特に仏教とお葬式の関係でビジネス化してしまっているような諸問題を、わたしたちはどのように考えていけばいいのでしょう。

たとえば、よく問題にされることに、お坊さんに対するお布施と葬儀社の料金の問題がありますo これをごちゃ混ぜにしている方も多いのですが、まずお坊さんと葬儀社は違うということをよく認識するところから始めましょう。

お坊さんへのお布施に料金表はありませんが、葬儀社には相場があります。葬儀社ならパンフレットや見本を見せ、「松竹梅どのクラスにしましょうか」と聞いてきます。そして、祭壇の大きさや飾りの内容の違いを示して選ばせ、それ相応の料金を取ります。

逆にいえば、お葬式というものは、葬儀社任せにすれば完結できるということです。お葬式を安く済ませたいということであれば、それはそれなりにやってくれます。だれも呼ばないで

お葬式の祭壇は葬儀壇とも呼ばれ、さまざまな種類がある
（写真・ライフケア柏会堂）

やってくれと言えば、葬儀社はそのような形でやってくれるでしょう。「子どもが四、五人集まってやりたい、それ以上なにもいらないんだ」と言えば、葬儀社は割り切ってそうやります。だから、葬儀を出すほうのその気持ちを明らかにすることのほうがずっと大事だということになります。

ではお坊さんを呼ぶ、あるいは神主さんを呼ぶ、または神父さんや牧師さんを呼ぶということになった時、喪家の人がどう考えているのか、むしろ葬儀社やお坊さんの問題より、そのことのほうが問われます。

たとえば自分が信仰する新興宗教でやりたいというなら、それはそれでやり方が決まってきます。ある新興宗教では、友人葬といってお坊さんを呼ばず、仲間が全部やってくれます。その代わり、香典は教団が全部持っていきます。お経はみんなであげて、必要なことは教団の仲間がすべて執り行うわけです。

一応、お葬式の核になる部分はそれで全部済むわけですから、喪主というか、喪家の人がそういう認識をしているかどうかということです。それでいいというならそれまでです。また、特定の信仰を持たないで、身内だけで死体の処理を済ませればそれでいいというなら、今度は葬儀社が全部やってくれます。ですから、喪主がそれ以上なにをやりたいかが問われるのであって、その人の意思によってお葬式の形は大きく変わることになります。

そんな時、今の日本人の大半は、葬儀屋さんにある程度お任せということになってしまうのではないでしょうか。そうやってお任せコースにしてしまうと、葬儀社はお金をもうけたいですから、それ相応の料金を取られます。その代わり、お任せすれば、「お寺さんだって何宗でも連れてきますよ」と言って、お坊さんの手配までしてくれます。

葬儀社とお坊さん

顧客(?)の要望をなんでも聞いてくれる葬儀社は、便利といえば便利ですが、これがお坊さんと癒着すると人々の大きな反感を買います。また、お寺やお坊さんに対する不信感を生みます。一般の人の仏教離れに拍車をかけている原因のひとつは、この葬儀社とお坊さんの癒着にあるのではないでしょうか。お坊さんも収入源を確保しなければ生活ができないということはわかりますが、みほとけの弟子としての誇りまでは手放してほしくないものです。

聞くところによると、「お葬式を紹介してやったらいくらバックマージンをくれるか？」と葬儀社に露骨に聞いてくるお坊さんは今や珍しくないといいます。ちなみに、葬儀社にお葬式を紹介した場合、お坊さんに支払われる紹介料の平均は葬儀料金の一割だそうです。たとえば二百万円の葬儀なら、紹介したお坊さんはそれだけで二十万円もらえるわけです。

反対に、葬儀社からお坊さんに、「お葬式の導師として喪家を紹介するから、お布施の三割をバックマージンとしていただきたい」といった話も日常的にあると聞きます。つまりお布施の上前をはねているのですが、これは三割がだいたいの相場だそうです。

本来お布施と葬儀料金はまったく別物なのに、それを混同してしまう要因を葬儀社とお坊さんが作っているという側面もあります。

布施とはもともと欲や執着を捨てさせていただく行であり、葬儀料金は商行為として定められる定価です。それなのに、「地獄の沙汰も金しだい」などという印象をばらまき、「坊主丸もうけ」などと陰口をたたかれる原因を葬儀社とお坊さんが作っているようでは、それこそ葬儀社とお坊さんだけに、みずから「墓穴」を掘ることになるのではないでしょうか。気をつけたいものです。

魂の処理と魄の処理

原則として、葬儀社が行うのはあくまで肉体の処理です。しかし、庶民の感覚としては、先ほどの魂《こん》と魄《はく》ということでいえば、どこか二〇パーセントくらいは魂の部分にこだわりがあります。その部分で故人に成仏してもらいたいという気持ちがあるというのが、庶民の本音ではないでしょうか。

だからわたしは最初に、お葬式には死者の肉体の処理と魂の処理という二面性があるんだと言ったのです。そして、肉体の処理は葬儀社で十分にできるわけです。

問題は魂の処理ですが、ほとんどの人がこれはお坊さんを呼ばないとできないと思っています。しかし、わたしはそこをもう一度考え直してほしいと思うのです。

魂は、どのように処理するのがいちばん理想的なのでしょうか。それを考える時、二つの方向性が出てくると思います。つまり、一つは魂を「邪霊」と見て、その恐ろしい霊魂がわたしたちにたたるからこれを鎮めようという考え方です。

もう一つは、そうではなくて、魂は安らかなものなんだという見方です。亡くなったうちの父ちゃんの霊魂がたたるわけはない。あの父ちゃんの魂は、いつでも優しく自分たちを見守ってくれていると考えることです。

わたしは後者のほうがいいと思います。うちの父ちゃんの霊魂はたたるんだ。よこしまなんだ。だからなにか仏事をやらないとわたしたちに不幸をもたらすんだというような強迫観念で故人を見るのでは、わたしは亡くなった人がかわいそうだと思います。

ところが、今多くのお坊さんたちが口にするのは、「先祖供養をしないと故人の霊が浮かばれませんよ」というようなことです。わたしがお坊さん方に認識してもらいたいと思うのは、「仏教でなければ霊魂を鎮められない」などと言えば、それは脅しになっているということです。

――お坊さんを呼ばないことには、霊魂が浮かばれない――

――お坊さんに供養してもらわなければ成仏できない――

そんなことであれば、脅しです。故人や遺族の魂を鎮めること自体は、大事な仕事なんです。では、正しくそれを行うのにはどうしたらいいのか。それは、心の中で次のように思って合掌することではないでしょうか。

「あなたは今お浄土へ行きましたね。遺族であるわたしたちは、お浄土でのあなたの幸せを願っています。わたしたちがお願いしなくても、ほとけさまがあなたを幸せにしてくれることはわかっているのですが、一応わたしたちからも〝お願いします〟と手を合わせますよ」と。

それでいいんだと思うんです。ところが、今のお坊さんたちも葬儀社も、「それではだめなんだ。儀式をやらないと浮かばれないんだ」という無言の体制を容認しています。でも、それは一種の脅しだと思うのです。そこがいちばんの問題点ではないでしょうか。

流行する脅しの宗教

そういうことが、やがて水子の問題につながっていったりするのです。つまり、「流産したり生まれて間もなく亡くなった子どもたちのためにお布施を積んで供養しないと、子どもはあの世で苦しむ。そのたたりであなたは今いろいろなトラブルに巻き込まれているんだ」というようなことを言って、「水子供養一体○○円より」などという奇妙なチラシが新聞にはさまっていたりするのでしょう。または、「お地蔵さんや観音さまの像を造って供養するから何万円寄進してください」などという呼びかけになっていくのでしょう。

そんなうそで固めた脅しは、早くやめてほしいと思います。早逝した子どもたちは、像など造らなくともちゃんとお地蔵さんが守ってくれるということが、いろいろな仏典にも書いてあります。お地蔵さんは、死出の旅路で子どもたちがたとえどんな苦難に遭おうとも、必ず現れてその子たちを守り、お浄土に送ってくれます。子どもさんを亡くされた方は、安心してその幸せをお祈りすればいいのです。

新聞を広げるまでもなく、たとえば人相や手相や足の裏や生年月日などを見て、「あなたはご先祖さまの供養を怠っているからガンになったのだ」とか、「株で損をしたのは何代前のご先祖さまの供養が欠けたためだ」などと言って脅している例は、枚挙にいとまがありません。

でも、あなたのご先祖さまが、あなたにそんな意地悪をするわりがないではありませんか。

お坊さんは、逆に檀家さんや信者の方々にそういうことを知らせてあげなければならないのだと思います。

霊に頼らない生き方

だからといって、わたしはいちがいに迷信は悪だと言っているわけではありません。迷信を信じる人にとっては、それがひとつのパワーになることもあるでしょう。現に、

――暗示――

というものがあり、たいていの人は暗示にかかっているといえます。その暗示まで否定するのはおかしいと思います。

たとえばプロ野球の選手に、いや、アマチュアでもいいのですが、監督が、「おまえは必ず打てるんだ」と言ってバッターボックスに送り込んだ時と、「おまえにあのピッチャーの球は打てないだろう。でも、代わりがいないからやってみるか」と言って送り出した時とでは、打率はまったく変わってきます。それは暗示であり、そういう作用はあるのです。

それもないなどと言って、むきになって否定するとおかしなことになってしまいます。ですから、そういったものを信じている人に対しては、金銭的に被害を受けるようになった段階のものは別として、信じることができて幸せだなと、温かく見守ってあげればいいのだと思います。ネズミのしっぽを黒焼きにしてベッドの下に敷いて寝たら腰の痛みが治ったという人がいてもいいわけです。それは暗示なのですから。

わたしはよく、「先生は霊魂がないと思っている」などと言われるのですが、それは誤解です。わたしはあるともないとも言っていません。先にも霊魂が見えるという人の話をしましたが、それも否定しません。ただ、わたしには必要ないだけです。

なぜならば、わたしには霊に頼らないで生きていけるだけの自信があるからです。霊の助けが必要な人は助けてもらえばいい。でも、わたしには今のところ不必要です。

しかし、誤解しないでください。わたしは決して、自分がおたおたしないとか、あるいはわらにもすがるような気持ちにならないと言っているのではありません。そういうこともありますが、今のところは霊の助けで問題解決をしようなどと思わずに済んでいるということです。それは結局、ほとけさまを信じることができるからです。いざとなったらほとけさまが必ず助けてくださる。そう信じているからなのです。そして、おたおたする時はおたおたすればいい、悲しい時は悲しめばいいと思っています。なにも悲しみや不安をなくす必要はありません。わたしはそう信じているのです。

インチキ宗教の見分け方

わたしは霊を否定しませんが、霊を利用してお金もうけをしたり教団を拡張するような宗教は否定します。そういう宗教を、わたしは「インチキ宗教」と呼んでいます。わたしたちにとって、ほんものの宗教とインチキ宗教とをどこで見分けるかということはとても大きな問題です。その見分け方は、結論からいえば、わたしはこう思います。

インチキ宗教……世間のものさしで勝負している宗教。

ほんものの宗教……世間のものさしを超えたところに別のもうひとつのものさしを持っている宗教、ほとけさまのものさし、神さまのものさしというものを持っている宗教。

たとえば、世間のものさしで言えば、病気は悪いことで健康はいいということになります。だから、病気になれば病気を治したいし、健康になりたいと思う。それが世間のものさしというものでしょう。すると、この宗教を信じれば病気は治りますよと弱みにつけ込んでくる。これがインチキ宗教です。

病気が悪くて健康がいいというものさしは世間のものさしですが、ほんものの宗教のものさしから見れば、病気になれば病気がいいんです。今現に病気をしているとすれば、それを悪いということ自体がおかしいんです。それは自分の存在を否定しているわけです。だから、病気でもいいんだよと教えてくれるのがほんものの宗教なのです。

イエス・キリストは、「幸いなるかな病める者」と言っています。「幸いなるかな貧しき者」とも言っています。金持ちがよくて貧乏人が悪いなんて、そんなバカな話はありません。ですから、この宗教に入信すれば金持ちになれますよなどと言っているのは、みんなインチキです。貧乏なら貧乏でいいではないですか。病気なら病気でいいではないですか。

仏教では、

——諸法実相——

と言っています。「あらゆるものが最高なんだよ」ということです。だから、貧乏は貧乏で最高なんです。病気は病気で最高なんです。もちろん金持ちになれば金持ちが最高だし、健康なら健康が最高なんです。

それに対して、インチキ宗教は大学に合格できるのが幸せで、落ちるのが不幸なんだというように教えます。そして、この宗教を信じれば大学に入学できるなどと言って合格祈願をやったりするのです。

大学に合格することだって、必ずしもいいこととは限りません。大学に現役で合格したがためについていかず、中退するはめになった人もいます。あるいは大学に合格して登山部に入り、遭難して亡くなった人もいます。一年浪人していれば、案外登山部に入らず別の部に入っていたかもしれません。

現役で入ったために、相性の悪い同級生といっしょになり、いじめられて自殺することもないとはいえません。一年ずれていれば、その人間と会わなくて済んだかもしれないのです。合格したがために、意外と不幸になっているケースだってあるということです。

ですから、「落ちたら落ちたでいい、ほとけさまはぼくを幸せにしてくださったんだ」と思えばいいんです。浪人したとしても、あと一年余分に勉強できるんだから得ですよね。だから、世間のものさしで勝負しようとするのがインチキ宗教なんです。現実の仏教も相当インチキ化しているということは指摘しておかなければなりませんが、とりわけ、新興宗教は大部分がインチキ宗教だということはいえるでしょう。

既成仏教が世俗化し、現世的なものさしでしかものを見れなくなった時、インチキ宗教がはびこります。ある面では、超能力的なことを言ったりオカルト的なことを言ったりしますから、一見世間のものさしを超えた宗教のように見えるわけです。

しかし、インチキ宗教には限界があります。インチキ宗教が一時期すごい勢いで伸びたのは、まだ貧富の差が激しい時代に生じた現象です。インチキ宗教への入信の動機は、「貧・病・争の三本柱」であるといわれるように、貧しさや病気、家族や職場、身近な人などとの人間関係のトラブルが日常の問題だった時代にインチキ宗教は急成長しました。この宗教を信じれば、貧・病・争から逃れられると謳ったからです。

しかし、九〇パーセントの国民が自分は中流だという意識を持っている現在、新しい宗教に行く層というのは五パーセントくらいでしょう。世間のものさしでいえば、九〇パーセントの人々は問題がないのですから、インチキ宗教を必要としないのです。つまり、インチキ宗教が伸びるのは、世間のものさしでは問題解決が難しくなった時代なのです。

現代における戒名の意味

第二章でも触れましたが、戒名についてももう少し考えてみましょう。特に今、

——差別戒名——

ということが問題になっているようですが、それはなんなのでしょうか。

前にも言いましたように、江戸時代にお坊さんはお葬式をやらなければならなくなりました。そのため僧侶仲間でやっているお葬式の方法を取り入れることにし、死者をひとまず弟子にして弟子のお葬式をやるという形をとったわけです。

弟子にするために出家させ、死者に戒名を与えた。それが戒名のいわれでした。だから、今のお坊さんは死んだ人にだけ優しくて、生きている人間はほったらかしだなどと非難している

人もいますが、それはあたりまえなんです。だって、死んだ人間は弟子だけど、生きている人間は自分の弟子ではないわけですから、他人より弟子に優しくなるのはあたりまえですよね。

そんなわけで、日本では死んではじめて仏門に入るわけですから、その時に初めて戒名がもらえる。そういう意味では、わが国では在家信者のためのほんとうのお葬式をやっていないのです。

江戸時代においては、たとえば曹洞宗や浄土真宗の信者には比較的身分の低い人が多かったといわれますが、それに対して、臨済宗や浄土宗には高貴な人が多くいました。徳川将軍家は浄土宗でしたから宗派として位は高いし、天台宗も高い。臨済宗も高い。

そんな江戸時代の現実の中で、差別されていた人たちもいたわけですが、そういう人たちにも戒名は与えなければなりません。しかし、そういう人々にうかつに戒名を与えれば、生きている高貴な人から自分と同じ戒名を与えるのかというクレームがつきます。彼らにしてみれば、身分の低い者に自分たちと同じ戒名がつけられれば、みずからの位が下がると感じたわけです。

そこで、差別されていた人たちにも戒名をつけざるをえないけれども、これは身分の低い者だという戒名をわざとつけました。それが現代になって、差別戒名として摘発されているわけです。

ある直木賞作家が、自分で勝手に自分の戒名をつけて話題になったことがありましたが、考えてみればそれもおかしな話です。だって、戒名は出家してお坊さんになった時の名前なんですから、出家もしないのに戒名をつける理由がありません。

出家というのは、師匠についてそのもとで修行することで、その時に教団の一員として守るべき戒律を授かります。これを「授戒」といいますが、授戒した時に授かる名前が戒名なんですから、師匠もいないのに自分でつけてもなんの意味もないわけです。

キリスト教の場合だと、出家しなくても洗礼を受けた時にクリスチャンネームを授かります。だからわたしは、仏教でも、

――ブディストネーム――

というのがあってもいいのではないかと思っています。別に死んでから無理矢理出家させられてもらう名前ではなく、在家のままの仏教徒でブディストネームがあればいい。極端にいえば俗名でもいいんです。仏教徒であるあかしと誇りとしての名前があればいいと思っています。

戒名の値段

本来は師から授かるものであるはずの戒名が、現実には「売り買い」されているというのが実態のようです。少し古い資料ですが、一九八四年五月十九日の「朝日新聞」には、次の表のような首都圏での戒名料の調査結果が掲載されていました。

戒名料の例

宗派	六字	九字	一〇字以上
真言宗	○○○○信居 〃信女　〜一五 ○○○○居士 〃大姉　〜二〇	○○院○○○○居士 〃〃大姉　〜五〇	○○院殿○○○○大居士 〃〃清大姉　〜五〇〇超
浄土宗	○誉○○信士 〃信女　〜五 〃居士 〃大姉　〜一五	○○院○誉○○居士　〜三五	○○院○誉○○○○居士 〃〃大姉　〜六〇 ○○院○誉○○○○清居士 〃〃清大姉　〜一〇〇
臨済宗	信士・信女　〜三〇 居士・大姉三〇〜五〇	院・居士 〃大姉　五〇〜一〇〇	院殿・居士 〃大姉　三〇〇以上
曹洞宗	信士 信女　〜一五 居士 大姉　〜三〇	軒（庵）・居士 〃大姉　〜五〇 院・居士 〃大姉　〜一〇〇	院・大居士 〃清大姉 院殿・居士 〃大姉 院殿・大居士 〃清大姉　相場なし
日蓮宗	（七〜八文字） 院・信士 〃信女 〃大姉　葬儀、通夜の費用を含め三五〜	院・信士 〃信女　七五〜 院・居士 〃大姉　〜一五〇	
浄土真宗	二〇〜三〇		

（単位万円、朝日新聞社調べ）

また、一九九〇年に互助会の大手、株式会社くらしの友が行った「現代葬式実態調査」によると、戒名料と読経料を合わせたお布施の平均は五十万九千円で、内訳は次のとおりだとしています。

一〇万円未満	六・七%
~三〇万	二四・二%
~五〇万	二二・五%
~七〇万	二三・三%
~一〇〇万	五・八%
~以上	一七・五%

この三年前は平均四十四万九千円で、六万円上がったとされていますから、十年を経た現在はさらに増えている可能性もあります。このように、戒名が売り買いされているというのは周知の事実となっています。

お布施はこだわりを捨てる行

戒名料のことも含めて、現代の仏教の問題を考える時、

――お布施――

ということが必ず出てきます。遺族の方は、お布施をお葬式と法事の料金のような受け取り方をしていますし、現実にはお坊さんのうちにもそういう意識の人がいると思います。

「基本的にはお志ですから、あなたの気持ちでいいんですよ」などと言いながら、実際には前節で触れたように料金化されていますし、ある宗派では、この戒名をもらうにはこれだけのお布施とちゃんと決まっています。お坊さんの手帳の中には、いくらのお布施なら本山からご門主さんの掛け軸をいただけますなどと書いてある場合もあります。

しかし、本来お布施とは、自分の欲望や執着を捨てるための行なのです。お釈迦さまは、わたしたちが苦しむ理由は、お金持ちになりたい、いつまでも健康でいたい、長生きしたい、彼女を自分のものにしたい、出世したいと欲張ることにあるとおっしゃいました。そんな無理な欲望にこだわるから、達成されない苦しさに身を焼くのだということです。

だから、そんな欲望やこだわりをみずから捨ててみることでわたしたちは苦しみから解放されるのです。その修行がお布施です。捨てて苦しみから解放され、喜びを得るからお布施のことを「喜捨」というのです。したがって、自分がいらないものやたいせつでないものを喜捨してもそれはお布施になりません。自分にとって必要なもの、貴重なものを喜捨してこそほんとうのお布施の行になるのです。

わたしたちが苦しみから解放されることを「功徳」といいます。お坊さんにお布施をすることは、わたしたちが功徳の種をまくことですから、布施されるお坊さんたちはわたしたちに功徳を積ませていることになります。だから、本来お坊さんたちのことを、

——福田《ふくでん》——

ともいうのです。

お葬式や法事の時、いったいいくら包めばいいのかわたしにはわかりませんが、受けるほうも布施するほうも、一度お布施と福田の原点に返って考える必要があるのではないでしょうか。

第五章

供養の本質、お墓の問題

ヒンドゥー教徒はお墓を作らない

お墓とは、基本的には、
――死体置き場――

です。お墓の問題は霊魂の処理とは無関係です。前に出てきた火葬の問題も、単に死体の処理だけの問題だと考えたほうがいいと思います。

現在日本では火葬がほとんどですが、わたしはできればほんとうの火葬にしてほしいと願っています。ほんとうの火葬とはなにかといえば、全部焼き上げてほしいということです。さっきの伊丹十三さんの映画の話にもあったように、火葬場では、今なんとか骨を残すために、火力をコントロールしています。しかし、これは難しい技術なのです。

逆に、火力を上げるのは簡単です。上げれば全部灰になります。灰すら残らないようにできます。ところが、それでは遺族が納得しないということで、火力をコントロールして、のどぼとけが残るようになどと工夫して火葬にしている。しかし、これが難しいのです。だから、わたしはできれば全部焼いて、なにひとつ残らないようにしたほうがいいと思っています。故人を天界に送り込むんだという思いで、そうしたほうが執着が残らないはずです。

仏教の発祥地であるインドでは、お墓を作りません。インド人は、家族が亡くなると死体を

ガンジス河に水葬される聖者（岸には火葬の煙が見える／撮影・松本栄一氏）

全部焼き、ガンジス河に一切合財流します。

わたしがインドに行った時、ガンジス河の岸辺に死体処理場があり、焼き場がありました。そこは、満月の夜に舟を浮かべて見るときれいなところです。

わたしが連れていった人が、その風景を写真に撮りたいと言い出しました。しかし、インド人のガイドは撮ってはいけないと言います。

わたしは最初知らなかったものですから、ガイドにお金を渡し、「みんなが撮りたがっているのだから、なんとか撮らせてやってよ」と頼みました。わたし自身はカメラを持っていませんでしたし、写真にも関心はありませんから、軽い気持ちでお願いしたわけです。

すると、ガイドは船頭などにもお金を渡して交渉し、「目をつぶりますから、フラッシュはたかないでください」ということで撮らせてもらったのですが、そのあとで、インド人ガイドにしかられてしまいました。

「あなたは、わたしたちがお金がほしいから写真を撮るなと言ったと思っているだろう。だが、それは違うんだ。わたしたちヒンドゥー教徒は、死者を天界に送りたいんだ。この世に執着を残さず天界に返したいというのが遺族の願いなんだ。だから一切合財を焼いてしまうんだが、それがフィルムに残っているとこの世に執着が残る。それを知った時の遺族の悲しみを考えてくれ」

わたしはそういって怒られたのです。それ以後、わたしは同行者に絶対に写真を撮るなと言っています。ですから、わたしは墓など残さないという考え方が好きなんです。

しかし、日本人には火葬という風習はありませんでした。いや、歴史を調べるとまったくなかったというわけではなく、高貴な人の火葬が行われる以前にも記録があるのですが、それは特殊な例で、伝染病で死んだ人が火葬にされたという形跡がある程度です。

でも、これはほんとうに特殊な例で、一般には土葬でした。火葬にしないかぎり死体は消えませんからどこかに葬らなければなりません。それがお墓だったわけです。

お墓のいちばんの目的は、死者が化けて出てこないようにすることです。ですから、死体は棺おけに入れるのですが、その時に死体を縄でぐるぐる巻いて棺おけの中に入れました。これを地方によって「極楽縄」とか「地獄縄」といいますが、要するに死体が絶対に起き出して出てこないようにするために縄で縛るのです。

あるいは、古い埋葬例を調べてみると、死体の手足の骨をぼきぼき折っているようなものも見つかります。これも死体が動けないように傷つけてあるわけで、死体が起き出すのが怖いからです。

だから、死体はできるだけ深く埋めて、出てこないように大きな石をぼんと載せました。これが、

――墓石――

です。だから、お墓を立派にするということは、死んだ人に「出てくるな、化けてくるな」と言っているのに等しいとわたしは説明しています。遺体を捨て、死んだ人を封じ込めることと、それがお墓の主目的であります。

東西のお墓の違い

同じ日本でも、東と西とではだいぶ習俗が違うようです。

東……単墓制

西……両墓制

だいたいそれが主流です。「両墓制」というのは、お墓を二つ作るわけです。一つは「埋め墓」といい、死体を埋めるお墓です。もう一つは「参り墓」といい、お参りするためのお墓です。

埋め墓で土葬にした死体がある程度白骨化すると、その白骨化したものを参り墓に移し直すのです。あるいは骨なんかなしで、参り墓を別に作ります。

沖縄などでは「洗骨」といって、いったん海岸あたりに骨を埋めます。そして海の水が骨を洗って白骨化すると、それをもう一度参り墓に移し直すという習俗があります。ところが、関東のほうではあまりそういうお墓を作っていません。

基本的には、お墓は「埋め墓」です。「参り墓」というのは、別に骨がなくてもいいわけですから、いわば顕彰碑のようなものです。それと埋め墓とは全然違うものです。埋め墓は怖いものです。

昔は土葬ですから、田舎の子どもなんかがお墓の上で遊んでいると、突然いなくなったりすることがありました。それは、お墓の中で死体が全部腐って土が真空状態になり、子どもがその上に乗った途端ドーンと落とし穴に落ちるようにお墓の中に落ちてしまうのです。だから、死体が埋めてあるところは怖くてだれも近づきませんでした。

したがって、最近のお坊さんが「お墓参りをしろ」と言う時のお墓とは、参り墓のことをいっているわけです。土葬の埋め墓なんかは、怖くて近づけなかったのです。ところが、現代ではほとんど火葬になってしまったので、お墓参りを勧めることができるようになったということです。

今、現代では火葬になったと言いましたが、日本人の行っているのはほんとうの火葬ではなく、「火土葬」とでもいうべきものです。ほんとうの火葬とは、わたしはインド流のものだと思います。要するに、火葬にするのであれば焼けるだけ焼いて、残った骨は全部流したほうがいい。捨ててしまったほうがいい。それがほんとうの火葬です。ところが、日本の場合まだ土葬の名残があるから、遺骨に執着してその遺骨をお墓におさめるんですね。だから純粋な火葬ではないとわたしは思います。

その中途半端さが、単なる骨の捨て場であるお墓に対して幻想を抱かせ、迷いを生じさせることがしばしばあります。

ある時、ひとりの読者から手紙が舞い込んできました。

「このたび主人が死にました。そのお骨をどうしようか迷っています。というのは、実はわたしは後妻なんです。死んだ主人の骨を先妻と同じお墓に埋めると、今度わたしが死んでそこに入ると三角関係になってしまいます。子どもたちは、この際、別にお墓を作ればと言ってくれるのですが、そうすると、わたしと主人が入ることはできても先妻はいつまでも寂しい思いをするでしょう。どうしたらいいんでしょうか」

という内容の手紙なのです。

わたしは、「いいですか。ご主人も先妻も、お墓の下にはいないんですよ。三角関係なんてばかなことを考えなさんな」とアドバイスしたんですが、これなんかも、単なる遺骨の捨て場であるお墓に、人間の魂がいつまでもいるように思い込んでいる典型的な例だと思います。お墓を大事にしなさいと言うお坊さんのことばが、みんなにそんな錯覚を振りまいているのではないでしょうか。

夫婦仲の問題で、「今の夫とは決して同じお墓にいっしょに入りたくない」などという声も増えていますが、これだってお墓に対する執着で、いつまでも自分がお墓の中にいるという思い込みです。それが進歩的で自立した女性の考えというなら、それはむしろ迷信にとらわれた退歩的な考え方といったほうがいいでしょう。

お墓の問題は、基本的には死体の処理の問題で、決して霊魂の処理とは関係ないということを銘記すべきです。

輪廻する身にお墓は不要

ところが、日本人はどうしても遺骨にこだわります。パレスチナの土地で遺跡を掘っていたら、人骨が出てきました。どこの国の人もなにも気にせず、人骨を片づけて発掘を進めていくんですが、日本から出かけて行って発掘に加わっていた五、六人の学生だけ、全員精神状態がおかしくなったというのです。ユダヤ人たちはなんでもないんです。これも、遺骨が祀《まつ》られないと死者が浮かばれないという幻想からくる現象でしょう。

戦地で亡くなった人の遺骨収集団の人たちなども、同じこだわりで戦地に赴いているのだと思います。遺骨もなにも持ち帰れない場合、戦場の石や土を持って帰ったりするそうですが、日本人は形になったものを死者に見立てて悼むという文化があるのでしょう。執着を断ち切るというよりは、執着を探して歩いているような感じがしないでもありません。

わたしは、骨なんていうのはカルシウムなんだし、焼いてしまえば炭素なんだから、そんなものにこだわる必要は少しもないと思うのですが、いまだに日本人はそう思えないんですね。ほんとうにインド人とは対照的です。

とはいえ、インドでも例外はあります。先ほど、インドではお墓は作らないと言いましたが、聖者の場合は例外なのです。悟りを開いた聖者は、火葬にしたあと遺骨をお祀りします。「仏舎利《ぶっしゃり》」ということばがありますが、これはお釈迦さまの遺骨のことで、お釈迦さまも荼毘《だび》に付されて遺骨がお祀りされています。当然、お墓が作られてそこにお祀りされているわけです。

前にも言ったように、わたしたちは死んで中陰の世界に入り、またこの迷いの世界、仏教では地獄、餓鬼、畜生、修羅、人間、天界という六道の世界に生まれ変わり、死に変わりして生存を続けています。これを輪廻転生《りんねてんしょう》と言いましたが、悟りを開いた人は、その輪廻の輪からはずれて宇宙空間のかなたに飛び出ます。これを「解脱」というのです。

解脱を果たした人の代表は、やはりお釈迦さまです。しかし、実はお釈迦さまだけではなく、その弟子であった舎利弗《しゃりほつ》や目連《もくれん》などという人たちも、他人の尊敬を受けるに値する人という意味で「阿羅漢」と呼ばれ、お釈迦さまと同様輪廻の世界から解脱した人とされて、火葬にされてお墓が作られました。

これらの人たちは、解脱して二度とこの世に生まれ変わってこないからお墓を作ってもいいのです。しかし、わたしたちはこの世で死を迎えても、必ず輪廻します。そうすると、また生まれ変わるのですから死は永遠の死ではありません。消滅ではないのですから、お墓を作ったらおかしいのです。別の生命に生まれ変わっているのに、この墓はなんなのということになってしまう。それがインド仏教の考え方です。

ところが、日本人は仏教を学びながら、その輪廻という考え方についてはまったく学んでいない。だから、いまだに「我」というものにこだわり、お墓に執着しているわけです。

しかし、日本にも例外はあります。浄土真宗を開かれた親鸞聖人《しんらんしょうにん》は輪廻の真髄を解き明かし、こう述べられています。

親鸞は父母《ぶも》の孝養《きょうようよう》のためとて、一返にても念仏もうしたること、いまだそうらわず。そのゆえは、一切の有情《うじょう》は、みなもって世々生々の父母兄弟なり。

（『歎異抄《たんにしょう》』）

つまり、「わたしは自分の父や母のためにお経を読んだことは一度もないんだ」と親鸞聖人はおっしゃっているのです。わたしの父や母というのは、仮にこの世で縁があって父になり母になったわけですが、しかし長い生々流転の輪廻の中において、あらゆる生き物は前世で親子であったかもしれないしきょうだいであったかもしれません。

だから親鸞聖人は、一切の衆生のためにお経を読むことがあっても、今の父母のためだけにお経を読むことはないとおっしゃっているのです。今の父母のためだけにお経を読むなどということは、エゴイズムともいえるものです。

これが仏教のほんとうの認識なんです。今仮に他人であっても、来世で親子になるかもしれません。ということは、ご先祖さまというのは一切の衆生なんです。日本人はそのへんがよくわからず、「あなたのご先祖さまを拝みなさい」というわけです。

先ほどの計算を思い出してください。二十代、三十代さかのぼれば何億人にもなるということでした。仮に三十代さかのぼり、だいたい九百年から千年くらい前だとすれば、平安時代か鎌倉時代でしょうか。さて、そのころ何億という人間がいましたか。いないでしょう。そうすると考え方は逆なのであって、鎌倉時代にいた一組の両親から何人もの子どもが生まれてきて、今一億を超える人口になっているのです。

つまり、もとを正せば、ご先祖さまは共通だということです。「あなたのご先祖さま」ではなく、「みんなのご先祖さま」なのです。

しかし、日本人はなかなかその認識を持てず、自分の家のご先祖さまが大事なんだと思い込んでいるのですが、実は、これがほんとうの仏教がいちばん嫌う考えなのです。自分の両親だけを幸せにする。あるいは自分の祖父母や曽祖父、わが身のご先祖さまだけは幸せであってほしいなどという拝み方は、インチキ宗教の宣伝する常套手段です。そこのところに早く気がついてほしいと思います。

お墓は一家に一基でいい

最近、霊園の分譲チラシが新聞にやたらとはさみ込んであります。これには現代の家族制度の問題が大きく関係しているのですが、もうひとつ、やはりお墓に対する日本人の執着が事を複雑にしているような気がします。

お墓はいまだに家督が継ぐものという形になっており、首都圏に出て仕事をしている次男や三男は、本家のお墓には入れないといって霊園を買わなければならないという強迫観念に取りつかれているようです。しかし、こういう時代になってお金がない、体は弱る、どうすればいいのか、という相談が増えています。しかし、何度も繰り返しているように、お墓は宗教とは関係のない死体の処理場なのですから、いくらでも解決法はあるのではないでしょうか。

わたしが考える現実的な解決方法は、今先祖代々の墓というのがありますが、その家系に属する人はみんなそのお墓に入ればいいと思います。なにも分家だからといって差別する必要はない。一族郎党みんなで入ればいいんです。そうすれば、一家系にお墓は一つでいいはずです。

それに、骨壺はやがてバーンと割れる素焼きのものにすべきです。お墓の地下の骨壺をおさめておくところをカロートといいますが（八五ページ参照）、素焼きの壺ならカロートの中で自然に割れてお骨はあたり一面に散らばり、次第に土に還《かえ》っていきます。だから新しい骨壺もまた入れるようになる――実に理想的だと思います。それなのに、いつまでも骨を残そうとするから問題が複雑になるのです。

私事ですが、お墓や骨にこだわる日本人の一例として、わが家の出来事をご紹介しましょう。わたしは大阪に生まれましたが、大阪のお寺が空襲で焼け、お墓が火をかぶってしまいました。そのため、御影石が欠けてボロボロになり、字も読めなくなっていたのです。そのお寺が、区画整理でわずか二〇〇メートルくらい引っ越すことになりました。その時、お墓も移転するということで、「墓上げ」といって墓石を取り出し、運ぶ儀式をやるということになりました。

父は戦死していたので、仏事はすべて長男の家の長男であるわたしの仕事だということで、全部わたしがやらされました。中学生の時のことです。わたしは祖母に連れていかれてお墓の石を上げたのですが、もうなにもありませんでした。土に還ってしまっていたのです。

わたしはお墓の中に入り、そこの土を手ですくってバケツに入れ、新しいお墓に運びました。祖母は、「よくやった、偉い。気持ち悪かったやろ」と言ってくれましたが、わたしはなにも怖くはありませんでした。単にカルシウムの染み込んだ土じゃないかと思っていたわけです。

そのお墓の移転が終わってから、祖母と曾根崎公設市場に寄って買い物をして帰ることになりました。その時、市場では標語の募集をしており、わたしが「主婦の味方の曾根崎公設市場」と書いて応募の箱に放り込んでおいたら、鉛筆が一ダースあたったのです。すると祖母は、「これはご先祖さまのおかげや」と言って喜んでいました。そんな思い出があります。

そのお墓がまた引っ越すことになりました。今度は京都の黒谷《くろだに》さんといって、金戒光明寺《こんかいこうみょうじ》に移ったのです。それで墓石を運ぼうとしたら、戦火をくぐってきた御影石は壊れていました。だから、割れたところをコンクリートでつなぎとめて黒谷さんに持っていきました。

やがて、父の五十回忌をやるということになりました。最近では子どもが親の五十回忌をやるのは珍しくなくなりましたが、昔は珍しかったのです。ましてや、妻が夫の五十回忌やるんですから、これはめったにないことです。そこで母は、「お墓を作り替えたい」と言い出しました。

わたしの父親は戦死といっても、シベリアに抑留されて強制労働で戦病死したのです。だから、骨もなにも日本には帰ってきていません。そこでわたしは母に言いました。

「なにを言っているんだ。お父ちゃんの骨がここに入っているわけがない。このお墓の中におやじがいるわけないだろう。おばあちゃんやおじいちゃんの骨はあるかもしれないが、それらもぼくがすくい出したら、全部ご先祖さまは土になっていたじゃないか。お墓なんか作り替える必要はない」

母はそんなもんかという顔をしているものですから、わたしは和尚さんのところに行って、「和尚さん、おやじの五十回忌を迎えるこのお墓は、あと五十年、百年たてば世界大戦の戦火をくぐったお墓として、歴史博物館に収められるかもしれないとおふくろに言っておいてください」と頼んだのです。すると和尚さんは、「このお墓は大事な墓ですよ。戦災に遭ったこういうお墓は残しておかないといけない」と母に言ってくれました。おふくろは「はあはあ」と言って喜んでいましたが、それがおおかたの日本人の感覚でしょう。

人はお墓の下に眠っているわけではありません。お墓は単なる死体の処理の場所であり、道具なのだと認識することは、無神論者だとして非難されることではないのです。むしろ、お墓を拝むことより大事なことがあるとわたしは思います。

わたしの父の偲び方

父の五十回忌をやる時に、わたしは普通の年忌法要はやりたくないと思い、菩提寺に、わたしにとってはかなりの大金を寄進させてもらいました。そして、それを基金にしてわたしの講演会をやってほしいと申し入れたのです。

「黒谷の金戒光明寺で春と秋のお彼岸に講演会をやりましょう。その代わり、講演料をもらいますよ」

わたしはそう言って、逆に寄付した金を少しずつ取り戻しているわけです。

それは冗談ですが、わたしは父をそういう形で偲んでいけばいいと思っているんです。そして、自分の子どもたちには絶対遺言はしないと決めています。講演会なんかに行っても、みんなに、「自分の葬式はどうやってほしいなどと絶対に遺言しなさんな」と言っています。

なぜならば、お葬式は自分でやるものではありません。お葬式は遺された者のやる仕事、父が死んだら子どもがやり、子どもが死んだら親がやる仕事なんです。そして、遺された者がしたいようにやればいいんです。それを遺言して、こうやってくれ、ああやってくれなどというのは遺族に迷惑をかけるだけです。

わたしは子どもにこう言っています。

「お父さんの葬式はどうやったっていい。めんどうだったら電車の網棚に遺骨を忘れたふりをして置いてきてもいい。ただし、埋葬許可証だけは抜いておけよ。そうしないと足がつくからな。せっかく足がなくなったのに、足がついたらまずいからな」

こんなことを言うと鉄道会社が怒るかもしれませんが、亡くなる側が自分の遺体の処理にまで口出ししてはいけないのです。

ちなみにむだ話ですが、JRには遺骨の忘れ物もいっぱいあるらしいです。それを集めて東京では中野のほうで供養して、一年に一回納骨していると聞きました。

わたしが子どもに言っているように、わざと忘れていくのかなと思いましたが、どうやらわざととは思えない部分もあって、JRの忘れ物を調べてみると、入れ歯や義肢などの忘れ物もあるということです。

入れ歯は合わなくなったらわざと置いていく人がいるかもしれませんが、義肢はわざととは思えません。そうすると、遺骨もほんとうの忘れ物かもしれませんね。

霊魂はお浄土に

わたしたちにとってたいせつなのは、遺骨ではなく死者の霊魂だと思います。霊魂というものは物質ではありません。仏教の考え方だと、

――お浄土に行った魂――

だと思うべきです。つまり、この迷いの世界にいるわけがないのです。

わたしは、ある新興宗教の教団の偉い方と対談した時、その教団の教理とされている先祖供養についてこう言ったことがあります。

「あなた方は先祖供養だなんて言っているけれども、ちょっとおかしいんじゃないか。ご先祖さまの霊がこのへんに漂っているなんて、そんなばかな話はない。たとえばわたしのおやじの霊が漂っているから供養しなければいけないと言われたとすれば、それは侮辱だ。わたしの父はちゃんとお浄土にいると信じている。それが、お浄土じゃなしにこのへんを漂っていて、わたしが供養すれば浮かばれるなんて言われるのは侮辱以外のなにものでもない。それは仏教の考え方じゃない」

そう言って攻撃してやりました。わたしは仏教の考えでもなんでもないのに、現実に行われている習俗を説明するために、わざと仏教にこじつけて説明しているのがインチキ宗教の現状

だと思っています。

さらに先祖供養を謳い文句にして、霊園販売業者などが霊園をどんどん建てて商売の道具にしている。こんなことをやっていたら、土地がなくなってしまいます。現実に庶民の不満が出てきているし、都会の仏教ではそれがいちばんの悩みなんです。

一方、田舎ではまだまだ安泰で、地方のご住職なんかはこの問題に気がついていません。この前、島根県のお坊さんと話をしていたら、「うちはお墓の土地がいっぱい余っているから、宅配便で送りますよ」と言っていました。そういう冗談が出てくるくらい、現実には都会で土地不足、墓不足が深刻な問題となっているわけです。

法要に終わりをつけよ

最近、東京都では「合葬埋蔵」といい、ひとつのモニュメントを建ててその下に大きな納骨場を作り、希望する都民がみんなそこに入るという制度を打ち出しました。全部の費用が十三万だといいます。お参りはモニュメントに向かってすればいいわけです。

大阪の四天王寺のすぐそばにある一心寺というお寺では、江戸末期からお盆の行事とされているお施餓鬼法要を一年中行うようになり、庶民によって持ち込まれるお骨を集めて粉末にし、「お骨仏」という阿弥陀座像を造っています。

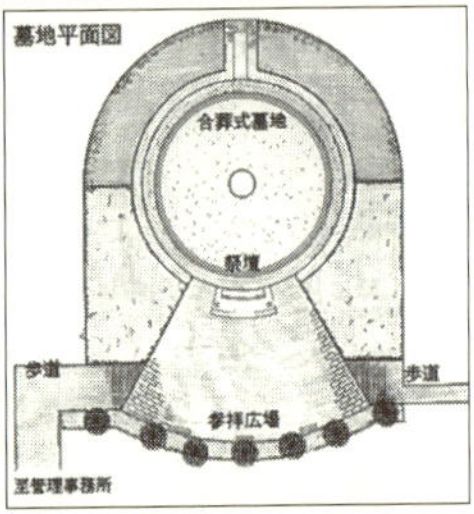

小平市にある東京都の合葬埋蔵施設
（写真・東京都建設局公園緑地部霊園課）

粉末状にした多くの遺骨を固めて造られたお骨仏さま（写真・一心寺）

明治二十年から始め、十年に一体ずつ造られるので、平成九年には第十二期目の仏像が開眼したそうです。これも一種の合同墓といえるでしょう。

これらのような方法なら、時代に即応した遺骨の処理方法として評価できますし、お墓の土地不足にも対応できるヒントになるかもしれません。これからもいろいろな方法が考えられていくことでしょう。

どうしてもお墓を作るというのであれば、三十三年くらいお墓で安置して、あとは人に譲るなり破棄するなりすればいいと思います。三十三年たてば、霊魂は集合霊となり神さまになるか、仏教的にいえばお浄土のほとけさまになったのですから、お墓から下ろしていいのです（いや、仏教では、ほんとうは死者は死んだ瞬間にお浄土に往っているのですから、お墓を作る必要はありません）。

このお墓から下ろすことを、

――弔い上げ――

といいます。位牌なども、何代か祀ったあと弔い上げをして破棄すればいいのです。庶民なら二代くらい祀ればそれで終わりとしたほうがいい。ところが、お坊さんはそれをやられると商売のタネが尽きますから、だんだん三十三回忌をやれ、五十回忌をやれと言い出し、百回忌まで勧めるようになったわけですが、これはちょっとエスカレートしすぎです。

ものごとに終わりをつけるのは大事なことです。儒教だったら三回忌、足かけ二十五カ月。神道や仏教なら最長三十三回忌、これでいいんだと思います。

葬式仏教はなくなる

弔い上げをしてお墓を返した時に、まるで自宅の土地や家を売ったようにお金がもらえると思っている人も多いようですが、それはできません。お墓は自宅の地所と違い、売買はできません。使用権を購入するのであり、永代供養料を支払うということで、土地を買うものではないのです。

ところが、そのことがわからないためにいろいろなトラブルが起こり、最近そういうことに関する読者からの質問も増えています。たとえば、田舎から都会に出てきて働いている人たちの中には、もう老齢期を迎えている人たちもたくさんいます。そういう人たちの中には、本家にはお墓はあっても、もう親しくしている人間も少なくなり、自分たちのお墓は田舎ではみてもらえないと思って都市部の霊園を買い求めます。

でも、霊園は高いですから、土地の権利だけ買って墓石は息子にゆだねるといったケースが少なくありません。すると息子は財産相続の一環と勘違いして、売ったらいくらになるのかと皮算用を始めるわけです。

そこで調べてみると、親が大金をはたいて買った土地が売買できないとわかり、「いったいどうしたものか」という相談が多くなってきているのです。

わたしはそんな時、「考えなさんな」と答えることにしています。唯一の答えは、「なにも考えなさんな」ということだと思います。相談している人のほうが親より先に死ぬかもしれないではないですか。死ぬ順番なんて、いくら考えたってだれにもわかりません。そして世の中は変わります。必ずこんな時代ではなくなる。墓なんか作らなくていいようになります。それは、少なくとも百年後には変わっているとわたしは予言しておきます。いや、それ以前に、もっと早く変わるでしょう。そうすると、考えるだけばかばかしいということになります。

そのころになると、葬式仏教はなくなります。葬式によってしか成り立たない仏教は滅びます。これは確実です。そして、たたりなんていうことはなくなります。同時に、お墓参りの内容も変質していることでしょう。

おもしろいことに、イスラム教徒はお墓を作るのですが、お墓参りをしてはいけないという決まりがあります。なぜならば、イスラム教はただアラーの神だけを拝むことが正しいとされているからです。それ以外のものを拝んだら、イスラム教徒として破門されてしまいます。だから、絶対にお墓を拝んでもいけないしお墓を詣でてもいけないのです。

インドでも、イスラム教の聖者が死ぬとお墓は作ります。イスラム教ではお墓を作ることは認められているのですから問題はありません。しかし、先ほども言ったように、インドには聖者のお墓を詣でる風習があります。だから、インド人のイスラム教徒はタブーとされているお墓参りを気にせずに行います。イスラム教では、誤った風習だからやめるようにとだいぶ長いこと言ってきたのですが、インドではお墓参りが定着し、みんなが平気で行っています。同じように、パキスタン人も抵抗なくお墓参りをしているのでびっくりしました。

お墓参りというのは、その土地の風習に従って発生するんですね。どんなにイスラム教の原理を示してお墓参りが悪いことだといっても、土地に残っているかぎりはあるわけです。それが今の日本の状況だと思ってもらえばわかりやすいのではないでしょうか。つまり、仏教ではお墓参りなんか否定しているのに、習俗として残ってしまっているのです。

参ることと偲ぶこと

お墓参りは、キリスト教でも行います。しかし、お参りに行ってなにをしているかというのが問題ですね。欧米人も、お墓に行って墓石に語りかけたり偲んだりします。

たとえば、新潮文庫で出ているブライアン・フリーマントルという人が書いたスパイ小説で、チャーリー・マフィンというイギリスの情報部員が活躍するシリーズがありますが、その中に、主人公が自分の恩人のお墓に参るシーンが出てきます。そのために隠していた自分の身元がばれてしまうという場面なんですが、それを読んでいて、イギリス人もお墓参りをするということがわかりました。

しかし、チャーリー・マフィンが自分の恩人のお墓でなにをしているかというと、別に拝んでいるわけではないのです。故人を偲んでいるのです。だから、欧米人は自分の死んだ親のお墓に行って偲ぶことはするのでしょうが、日本人の場合は「お墓参り」ということばのニュアンスにも含まれるように、故人を拝んでしまうわけです。死者を拝んでいるとしたら、これはおかしなことなんです。

人生に迷った時、わたしたちは親や友人、自分の昔の恩人などのお墓に行って問い尋ねたり語りかけたくなることがあります。そういうこととは拝むこととは違い、自分の思い出や心の中に生きている故人と対話したいからでしょう。故人を偲ぶことによって、自分の心を整理しているわけです。

ところが、故人を拝むという行為は、故人が心の中に生きているのではなく、お墓の下とか黄泉の国とかに実際いるものだと思っているということでしょう。これはおかしなことですよね。日本人はこれが問題なんです。

そうではなくて、ご先祖さまは自分の心の中にいるんだと考えることができればいいんです。もう少し進めると、ご先祖さまはお浄土におられると思えれば、それが正しい仏教の教えなんです。ところが、日本人はどうしても死者がお墓にいるように錯覚し、実体化してしまう傾向が強いのです。

今の仏教はそれを錯覚だと教えず、逆にそういう習俗に妥協して本来の主張をどんどん弱めた理論を説いています。だから葬式仏教などといわれるおかしな状況を生み出してしまっているのではないでしょうか。

お坊さんは基本的に、

——あなたの両親があなたの心の中にいると見れないんですか——

——お墓がないと、自分の両親すら偲ぶことすらできないんですか——

と、わたしたち衆生の信仰の幼稚さを指摘し、育てていかなければならない立場であるはずです。その幼稚さが、同時にお墓を参った時だけ故人を思い出せばいいんだという心にもつながるわけです。

「ほとけほっとけ神かまうな」ということばがありますが、一年に一回か二回だけお墓に行っていれば、それで免罪符が得られるという感覚が日本人にはあるような気がしてなりません。

イスラム教に学ぶ精神性

人間はどうしても目に見えるもの、形に現れたものしか実感できないから、親や友人など亡くなった大事な人が心の中にいるといわれても想像力が働かない。だからそれを補うためにも、形状化したお墓や仏壇が必要なんだという反論がありそうですが、人間は多様であり、必ずしも実体化されたものしか信仰できないということはありません。その点は、イスフム教の信仰が参考になります。

　イスラム教では、実体化されたものを拝んではいけないのです。なぜならば、アラーとは宇宙に偏在している神で、まんべんなく存在しているものだからです。だからイスラム教の教会をモスクといいますが、そのモスクに行ったらなにもないのです。拝むべき像もなにもない。ただ、こちらがメッカの方向だよと示しているところがあって、その方向に向かって拝むのです。

　しかし、ほんとうはメッカに向かって拝む必要もありません。神はまんべんなく偏在しているのですから、どこを向いて拝んでもいいはずなのです。ですが、それではあまりにも統一がとれないから、メッカの方向を向いて拝むという形式になっているわけです。

　そのように見ていくと、人間というものは実体化されないと信仰できないというのはうそだということになります。イスラム教徒はそんなばかなことを考えていません。そして白分の精神性を高めよう、高めようとしています。

　そんなイスラム教徒から見れば、イエスの像なんかを拝んでいるキリスト教徒は、まだ精神性の低い段階だということになります。ましてや、お墓がなければ拝めないという日本人の精神性はまことに幼稚な段階です。

それを高める努力をするのが宗教家の役割でしょう。「お墓なんかに行かず、本堂に来い。そして阿弥陀さんを拝みなさい。大日如来を拝みなさい。それがほんとうの信仰なんだ」と言うべきですが、今のお坊さんには、この指導ができないようです。

お寺が受けた農地改革のダメージ

そうは言っても、日本の寺院が葬式仏教に頼らなければならない事情が、特に戦後においてはあるのです。それはそれで、わたしたちが理解しなければならないことだと思います。それは、日本の仏教界が戦後の農地改革によって受けたダメージのことです。

もともと、お寺はみんな財政的基盤を持っていました。戦前、お寺は田地田畑を持っていて、それを小作に貸して、その上がりで寺の経営ができました。それでお寺を維持し、村に貧しい者がいれば、その家の子どもを養ってやることもできたわけです。お寺に引き取って、大学まで卒業させてやりました。

現実に、仏教系の大学の元教授の中には、そうやってお寺で養われた人が多いんです。そして篤志家がいれば、お寺に自分の土地を寄進しますから、戦前は財政的に豊かでした。

ところが、戦後の農地改革により、お寺は不在地主ということで、それらの土地を全部取り上げられてしまったのです。そうすると、お寺を維持するためになにかやらなければならない。それで、結局葬式産業になってしまったわけです。

これは間違った宗教政策です。農地改革をしてその代わりに宗教法人は無税ということにしたのですが、無税にすることによって恩恵を受けたのは、新興宗教です。宗教法人を無税になんかせずに、その代わりお寺の財政基盤を残していれば、日本の宗教状況は変わっていたでしょう。創価学会やオウム真理教なんかは出てこなかったと思います。

そういう点では、お寺にも同情すべき部分があるのです。お葬式や霊園業をやらないことにはお寺を維持できない。本堂すら建て替えられない。畳はぼろぼろだし雨漏りはするというお寺がいっぱいあるのです。

檀家さんは、お葬式だったらお金を出すけれども、なかなか寄進はしてくれません。お寺の改修をするから寄進してほしいなどと言うと、檀家をやめるという人たちが出てくるというのが実情なのです。

そういうお寺の財政的な事情もあるから一概には責められないのですが、でも、今のお寺の中からそういう窮状を訴える声が出てこないのです。したがって、ほんとうのお葬式とはなんなのか、お墓とはなんなのかということもまた言えない。そういう本質的なことには触れず、先祖供養を前面に出してお葬式と法事をやっていないと財政的に成り立たないという悪循環に陥っているのがお寺の現状なのです。

たたりと鎮めが供養の本質

お墓にお参りするには供養しなければならないということで、よくお墓とセットで、
――供養――
ということばが使われます。この供養ということも、その本質がなんなのかをよく考えておかなければなりません。

基本的に、人間はどこかで死者がたたると思っているところがあります。つまり、死者の持っている霊魂的な部分、別なことばで言えば怨念のようなものがいつまでも残ると思っているのです。そして、この怨念を鎮めないと死者はわたしたちに害をもたらすととらえています。これはどこの国にもある通念かもしれません。

供養とは、このたたりを鎮めるために行われるお供えの儀式といっていいでしょう。

日本人にも昔からそういう通念があり、死者がたたる伝説や説話はたくさんありますが、鍋島藩の記録書である『葉隠』などを読むと、そのような通念をひっくり返すおもしろい話が出てきます。

不義密通をはたらいた男女を殿さまが打ち首にしました。ところが、その後、その二人の幽霊が夜な夜な出てくる。それをみんなが怖がるわけです。どうしようかと家来たちが集まり、お坊さんを呼んで供養してもらおうかと言うと、このお殿さまはなかなかの傑物でこう言ったのです。

「なにを言っておるか、ばかなことを言うな。その幽霊に言ってやれ。わしはおまえらが悪いやつだと思って成敗したんだ。そんなおまえらにそう簡単に成仏されてたまるか。おまえらがいつまでもこの世で迷っているのは、わしの思いどおりなんだ。あの世にも行けず、このへんに出てきてまだ迷っているのは自業自得だ。わしはうれしいよ」

その夜から、幽霊は出なくなったそうです。これは非常にいい話だと思います。わたしたちはどこかで死者を恐れています。たたりはそのびくびくした心につけ込んで現れるのです。だからたたりを鎮めなければならないという考えに基づいて供養がなされるわけですが、それが仏教の考え方だといわれたらとんでもないと言わざるをえません。

前にも述べたように、仏教界には、「親鸞は父母の孝養のためとて、一返にても念仏もうしたること、いまだそうらわず」と言っている親鸞聖人のような方もおられるのです。つまり、先祖供養のための念仏なんかしてはならないと聖人はおっしゃっているのです。ましてや、仏教では供養でたたりを鎮めるなどとは一言もいっていません。

わたしたちの、死者はたたるもんだと思う心がたたっているのです。そんな迷信に振り回されてはいけません。

街の真ん中で一生懸命『般若心経』を唱えているお坊さんがいる。「お坊さん、なにをしておられるんですか」と聞くと、「わしゃ、ここに人喰い虎が出てくると困るから、出てこないように今まじないをやっているんだ」と言う。「でも、こんな大都会に虎なんか出てきませんよ」と言ったら、「ほれ見てみろ、わしが『般若心経』を読んでいるから出てこないんだ」と答えたという笑い話もあります。

たたりも大都会の虎と同じです。供養をしたかしないかなど関係ないのに、供養をすればたたりがなくなるなどと思っているほうがおかしいのです。

自然葬がいちばん自然

日本の庶民の間でも、「お墓なんて、少しおかしいんじゃないか」という声が出てきて、——自然葬——が叫ばれるようになっています。一九九一年十月五日、「葬送の自由をすすめる会」で相模灘の外洋において散骨を実施し、これがきっかけで散骨が認められるようになりました。この散骨を、会では「自然葬」と呼んだのです。このように、もう、お墓に必要以上の意味を持た

海への散骨（写真・葬送の自由をすすめる会）

せることがへんだということに、みんなが気づいているんです。

日本には「墓地、埋葬などに関する法律」、通称「墓埋法」という法律があり、墓地以外に遺体を埋葬してはならないと決められています。ですから、わたしは三十年ほど前にあることを発案しました。遺骨の処理で困っている人がいるわけだし、別にお墓なんか作らなくてもいいのだから、できればお釈迦さまが悟りを開いたインドのブッダガヤーに行き、その近くを流れる尼連禅河《にれんぜんが》に遺骨を流してくるツアーを組もうと思ってインドの観光局に問い合わせてみたことがあります。

すると、「それはかまわないが、なんで日本人がインドまで来るんですか」といぶかしげに言われて、結局、挫折してしまいました。

そこで、今度は太平洋のど真ん中に船をしつらえて行って、みんなで一年に一回くらい、遺骨を太平洋の海に沈めてくるという運動をやろうかなと考えたことがあります。つまり散骨を考えていたんですね。そのため厚生省に問い合わせると、「そんなことはまかりならん。墓埋法があるからそれはだめだ」と、けんもほろろの回答でした。

しかし、その後墓地不足が深刻になってきましたし、人々の考え方も変わってきました。厚生省もとどこに至って、態度がだいぶ軟化しました。墓埋法の定義によれば、遺骨を墓地以外のところに埋葬しなければいいわけです。ですから、遺骨を細かく砕いてパーッと山や海にまいてくるのはかまいません。それから、交通の頻繁なところや漁場ではない海であれば、節度をもって遺骨をまくことは違法ではないという解釈がなされるようになってきました。

また、埋葬しないということですから、山野にまいても、またそれにちょっと土をかけても、埋めなければいいわけです。

わたしの知り合いに、自然葬大賛成という浄土真宗のお坊さんがいます。この方は静岡県三島市のご住職で、「先生、ご注文があったらわたしに言ってください」と言うのです。どうしてかと訳を問うと、「わたしは船長の資格を持っているんです。それで船を一艘持っているから、自分の船で海に行って散骨できるんです」と言うのです。散骨を漁船に頼んでも、たいていの船長はいやがりますから、お坊さんが船長の資格を持っていればこれは鬼に金棒です。

このように、日本人もその問題に徐々に気がつきはじめています。しかし、その一方で、主にお坊さんたちから、「自然葬などはけしからん。そんなことをしたら、いずれお父さんやお母さんのお墓に参って対話がしたくなった時に困るじゃないか」という声があがるわけです。

結局、仏教でない習俗を仏教で説明し、こじつけしようとしてきた長年の習慣がいまだに取れないということでしょう。たぶんお釈迦さまに相談したら、「自然葬がいちばん自然だね」と言われるだろうと思います。なぜなら、インド人はみんな遺骨を荼毘《だび》に付して河に流しているわけですから。

インド人で遺骨を流さないのは、さっき言ったように、悟りを開いた聖者の場合です。それから、七歳以下の子どもの場合も流さずにお墓を作ります。それは、子どもは神の子だという考えがあるからでしょう。日本でも、七歳以下で死んだ子どもを「神の子」という呼び方をするところがあります。

ただ、自然葬も先祖供養のような意識を卒業してやらないと、かえって大変な問題を呼び起こしたりします。あとでたたりみたいなものにおびえたり、長男が自然葬に踏み切れても次男や三男が反対するとか、おじさんやおばさんが出てきて、「あんた、なにやってるの」などと言い合い、骨肉の争いになるようなもめごとが起こるという例はたくさんあります。

結局は、日本人全体が習俗を乗り越え、ほんとうの宗教を身につけなければならないということだと思います。

夫の家のお墓に入りたくない妻の言い分

お墓にまつわる家族間のギクシャクもいろいろ問題になっています。嫁ぎ先のお墓に入りたくないとか、本家のお墓に入りたいんだけど入れてもらえないとか、嫁ぎ先はこの宗旨だが嫁は違うので同じお墓に入れないとかというような例です。

そんな例を通して現代の家族関係の問題が見えてくるということもありますが、今は妻のほうを排除してお墓に入れないというケースはほとんどありません。たいていは妻のほうから言い出しているようです。

――夫の家のお墓には入りたくない――

――わたしはこの家とは宗旨が違うからお墓に入らない――

というわけです。

わたしの知り合いに夫が仏教徒で妻がクリスチャンという夫婦がおり、だいぶ前に妻から、「あなたのお葬式をキリスト教式でやっていい？」と聞かれているというのです。それでわたしが相談されたので、「いいと答えなさい。その代わり、きみのお葬式は仏教式でやるよと言ってやりなさい」とアドバイスしました。

最近は女性は、「自分はクリスチャンなんだから夫の葬式をキリスト教式でやりたい」というように、イニシアチブを取りたい意識が強いようです。女性の権利意識が強まっているからなのでしょうが、わたしはおかしいと思います。まずこの女性の場合なら、自分がクリスチャンなのにどうして仏教徒のところに嫁にきたのでしょうか。初めから、「わたしは仏教徒とは結婚しません」となぜ言わないのでしょうか。

宗教なんかどうでもいいと思って嫁いできたとしたら、それはおかしい。お金があるかどうか、容姿や学歴がどうかというようなことだけで判断して結婚したのだとしたら、それはエコノミック・アニマル、セックス・アニマルではないかと言われてもしかたがないのではないでしょうか。わたしは宗教を大事にするという考えを持っていないのは問題だと思うし、宗派の違う人間と結婚するのも節操がない行為だと思います。

それからもうひとつ、

――夫婦別姓――

という運動があります。あれは夫婦別姓といいますが、親子別姓だということに気づいているのでしょうか。結局、親子が別の名前を名乗ろうという運動を展開しているのです。つまり、親子の一体感を持ちたくないということにつながってしまうのですが、それを承知で行っているのでしょうか。そのへんを疑問に思います。

儒教は夫婦別姓です。だから中国は今でも夫婦別姓です。たとえば、A家に嫁いできたお嫁さんは七十歳になっても八十歳になってもA家の人間ではないのです。つまり、これは妻を排除するという儒教の考え方なんです。夫婦別姓は女性の権利だといっているようですが、そういう方々はそのような経緯を知っておっしゃっているのでしょうか。

逆に、自分が嫁いだ家に夫の姉がいて、そのお嫁さんがあんなお姉さんといっしょのお墓には入りたくないとゴネたらどこに入るのでしょうか。

お姉さんのほうで拒むかもしれませんね。実家はわたしのものだと思っているかもしれない。もしそうであれば、お姉さんはお嫁さんに嫁入りの時夫婦別姓を申し入れておかなければなりません。おまえはこの家の人間ではないのだからお墓には入れないということをちゃんと言わないことには、中国式にはなれないわけです。

いずれにしても、どうして嫁いだ先のお墓には入りたくないとか、実家のほうに入りたいなどという気持ちになるのかわたしにはまったくわかりません。それは結局、前近代的な意識そのままでお墓を大事にしているのと同じことではないでしょうか。そのような主張は、お墓信仰の強い地方にはむしろ少なく、逆に都会の女権論者に多いようです。

つまるところ、今、夫やその家族といっしょにいたくないという気持ちの投影なのでしょうから、死んでからの問題にするのではなく、生きているうちに別れてしまえばいいということです。

仏壇が二つになると不幸になる？

お墓とともに、仏壇についても不安や疑問を持っている人が多いようです。わたしのもとに、「家の中に仏壇が二つになると不幸になるといいますが、ほんとうですか」という質問の手紙が舞い込みました。

どういう意味なんだろうと思って読んでみると、このたびお母さんが亡くなったというのですが、お父さんはずっと前に死んでしまっていて、自分は嫁いでいる。長男にあたる弟がいるのだが、その弟は新興宗教に入っているため、お母さんが持っていた仏壇を引き取れないと言っているらしいのです。自分には自分の仏壇があるから、そんな邪宗の仏壇は引き取りたくないという意識なのでしょう。

そのためお母さんの持っていた仏壇が宙に浮いてしまったので、長女である自分がしかたなく引き取ってお祀りしようと思うのだが、仏壇が二つになったら不幸になると聞いたというわけです。そこで質問の手紙を寄せてきたのですが、わたしは次のようなことを返事として書いてやりました。

「ばかなことを言いなさんな。あなたは原因と結果をあべこべにしているんです。仏壇が二つになったから不幸になるんじゃない。不幸になったから仏壇が二つになるんです。あなたは不幸になった。なぜなら、お母さんが死んで仏壇が宙に浮いてしまった。これを弟が引き取れば幸せにいくものを、弟が引き取らないので不幸になった。だから仏壇が二つになるんでしょう。ではどうしたらいいか。その仏壇を捨ててしまいなさい。仏壇を二つにするなんてとんでもない。毎日二つの仏壇を拝むたびに、南無阿弥陀仏、あの弟さえ引き取ってくれればよかったのに、あの子のせいで不幸になったと毎日恨みを増幅するだけです。弟だって二つもあれば迷惑なのだから、あなたが引き取って処分してしまいなさい。お寺に頼めば、お焚き上げ・性根抜きといって、仏壇から魂を抜いてちゃんと始末してくれます。そして問題の仏壇が消えれば、自然に忘れます。昔あんなことがあったなと、ちらっと思い出す程度で済むはずです。毎日憎しみをかきたてるようなことはしてはいけません」

だから、仏壇なんてなければなくていいんです。イスラム教徒のように、神仏は宇宙にまんべんなく偏在していると信じて、どこにいてもちゃんと拝めるという態度が大事なのです。仏壇がなければ拝めないというのは、よほどレベルが低いと思ったほうがいいでしょう。

だからといって、あってはいけないというのではありません。あってもいいんですが、とらわれてはいけないというのです。わたしのところにだって仏壇はあります。わたしは長男で、まだ母が大阪で生きていますから、わが家の仏壇は大阪にあるわけです。母親とけんかをするたびに、「じゃあ、ぼくは長男なんだから仏壇を東京に持って帰り、向こうでお祀りするから」と言ってやるんですが、そうすると母は泣き出し、「仏壇がないと寂しいから置いておいてくれ」と言います。

そんなことでわたしのところには長いこと仏壇がなかったのですが、わたしは心の中にほとけさまがいるんだからそのほとけさまを拝めばいいんだと思っていました。しかし、実は今度引っ越しまして、それを機会に仏像を買ってきて安置しました。そして、朝と夜にお勤めしています。仏像が一体置いてあって、水に浮くろうそくと花とお線香を供え、朝は『般若心経』、夜は法然上人のおことばである『一枚起請文《いちまいきしょうもん》』を妻と二人で称えています。ちょっと離れたところにはお地蔵さんが置いてあり、これもまた拝んでいます。

無限に膨らむ無縁仏

仏壇の話になってしまいましたが、もう一度お墓の問題に戻りましょう。今、あちらこちらのお寺や霊園で、無縁墓、あるいは無縁仏が増えて困っているようです。無縁仏とは、だれも祀らなくなった仏のことです。

無縁仏は、何々家の墓といっているかぎりどんどん出てきます。なぜなら、こんなに核家族化が進んで、それぞれの家族がお墓を持とうとするからです。

昔の家族というのは、本家と分家があって、みんな合わせると五、六〇人もの一族郎党がいたわけです。それが一つのお墓に入っていたのですから、だれかがお祀りすることができました。しかし、今のような核家族になり、三人あるいはせいぜい四人くらいの家族で一つのお墓を作っていたら、子孫は絶えやすいし、お墓が無縁になるのはあたりまえです。各自が各自の家で墓を作ろうなどといっていたら、すべてのお墓がやがては無縁仏化してしまいます。

そうではなく、みんなの祖先だと考えればいいのです。あなたの先祖もわたしの先祖もみんなほとけさまなんだ。みんな同じなんだと思えばいいのです。そういう考えに目覚めていくのが正しい方向です。

ある時、わたしのところに新興宗教の人が勧誘に来て、「あなたはご先祖供養をやっていますか」と聞かれました。「なんにもしていません」と答えると、「たたりがありますよ」と言うから、わたしは、「ああ、かわいそうにね。あなたのご先祖さまとわたしのご先祖さまはいっしょなんですよ。たたりはあなたにも及びますね」と言ってやりました。だって、何百年かさかのぼれば先祖は共通するのですから、その人は自分にたたりがあると言っていることになるのです。

先祖供養を勧める人たちの原点には、自分たちの先祖は善人だった、すばらしい人だったという前提があるような気がします。それは実はとても危険な差別思想で、天皇制の影響があるのだと思います。つまり、天皇にどれだけ近いかが先祖供養の誇りになっていたり、侍や庄屋だったことを自慢にして先祖供養を支えているのです。反対に天皇やそれに類する権威から遠ざかると、人間ではないかのように扱われる。

これは国家神道の座標軸です。仏教とは関係ありません。世界宗教といわれる宗教の座標軸は、無限のかなたに存在する神やほとけだけが完全なのであり、最善なのです。そういうはるかかなたの座標軸から見れば、人間などというものは、みんな不完全な悪人です。それが宗教の原点でしょう。それをキリスト教では「原罪」といい、親鸞聖人は「善悪の二つ惣じてもて存知せざる候」と言ったのです。

それを、うちの先祖はあっちのうちよりちょっといいなどという相対的なレベルでとらえるのでは、せっかくの仏教という高い宗教性に泥を塗るようなものです。善人だったら尊敬する、悪人だったら軽蔑するというような視点を、ほんものの神や仏は超えています。だから親鸞聖人は、「善人なおもて往生をとぐ。いわんや悪人をや」（『歎異抄』）と言って「悪人正機説」を説いたのです。

たたりにしても霊魂にしても、わたしはないとは言いません。なぜなら、仏教の正しい考え方は「空《くう》」なんですから。すべては空です。空ということは、あると思う人にはあるし、ないと思う人にはないということです。

――幽霊の正体見たり枯れ尾花――

ということばがありますが、ひとつのものが、ある人には幽霊と見えるし、別の人には枯れ尾花に見えるんです。

たとえばここに一千万円のお金があるとします。それはわたしにとっては大金です。でも、そのへんの悪徳政治家にとってははした金かもしれない。つまりすべてはみんな自分が持っているものさしで見ているだけで、絶対的にあるとかないとかということはないというのが空の考えです。だから、たたりがないとは言いません。あるものにはあるし、ないものにはないのです。ただし、たたりがあると思う人は、そのたたりを自分で作っておいて自分で消そうとしているんです。マッチポンプだということに気づくべきだと思います。

あると思っているから鎮めなければならない。供養しなければならないということになってたたりにおびえている。それは自分で作っている強迫観念です。そんなものにとらわれて怖がっているより、ほとけさまを信じてすべてをお任せするほうがどれだけ安心して暮らせるかわからないとわたしは思います。

第六章
仏教にみる理想の死に方

釈迦は霊魂をどう考えていたか

前の章で、霊魂はあると思えばある、ないと思えばないと言いましたが、現代に生きるわたしたちが霊魂の存在をどう考えればいいかということを整理しないと、正しいお葬式に臨む姿勢が確立できないと思います。

そこで、仏教の開祖であるお釈迦さまは霊魂についてどう考えられていたか、それを見ていきましょう。

お釈迦さまには、マールンクヤというとても思索の好きなお弟子さんがいました。マールンクヤは、死後の世界はあるのかないのか、霊魂は不滅なのかそうではないのか、悟りを開いた如来は永遠に存続するのか否か、あるいは宇宙は有限か無限か、そのような形而上学的問題にばかり関心を持って、しょっちゅうお釈迦さまに質問をぶつけていました。ところが、お釈迦さまは一切返答してくださらないのです。

そこで、マールンクヤはある時思いつめて、「先生、今日はお答えください。そうでなければ、わたしはこの教団を去ります」と、強い口調で直談判しました。その時お釈迦さまが説かれたのが、有名な「毒箭《どくせん》の比喩」というお話です。

「マールンクヤよ、ここに一人の男がいて、どこからか毒矢が飛んできて男に刺さった。友人たちは慌てて医者を呼んできて毒矢を抜いて治療しようとした。その時男が言うには、抜いてはならぬ。わたしはこの毒矢を抜く前に知りたい。この毒矢を射た人間を。色は黒いのか白いのか。年齢はいくつくらいなのか。あるいはこの毒矢の成分はいったいなんなのか。このようなさまざまな問いに答えてから治療をしてくれと言って、男は矢を抜かせない。やがてその男は死んでしまうだろう。マールンクヤよ、今そなたが尋ねているのはそのようなばかげた問いなのだ。大事なことは毒矢を抜いて治療をすること。この苦しみそのものを克服することなのだ。死後の世界があるかどうか、そのようなことは二次的な問題だ」

お釈迦さまはそのように教えられたといいます。つまり、仏教徒は死後の世界があるかないか、霊魂があるかないか、そういった問題について、

――考えるな――

というのがお釈迦さまの答えです。あると考えてもいけないし、ないと考えてもいけない。そもそも判断するな。考えることをやめなさいというのがお釈迦さまの教えなのです。

では、お釈迦さまは死後の世界についてなにも説かれなかったかといえば、そうではありません。現実には、たとえば在家の信者の問いに答えて、「生前によいことをすれば、死んだあと天界に行くことができる。生きている間に悪いことをした人間は、死後地獄に堕ちるんだ」と、そういうふうに説いておられます。

死んだあと天界に行くとか地獄に堕ちるというのは、死後の世界を語っていることになります。これは矛盾しているじゃないかと言われればそのとおりなのですが、結局、出家者に対しては「考えるな」と教えた。考えるなということは、考えないでいられるだけの精神力を身につけなさいということです。これは決して簡単なことではありません。わたしたちはついつい考えてしまう。だから、考えずにいられる強い意志力を養いなさいというのが出家したお弟子さん方に対する教えであったわけです。

しかし、在家信者に対してはそう教えませんでした。在家信者はそんな強い精神力もない。いつの間にか世間の常識にとらわれてしまうのが在家信者です。だから、お釈迦さまは在家信者には世間の常識をもとにして教えを説いておられるのです。

では、当時の世間の常識とはなにかといえば、「輪廻転生《りんねてんしょう》」ということでした。人間は死んだあと、輪廻転生するんだというのが当時の常識でした。インド人は、この世界は輪廻の世界だという認識をいまだに持っている民族です。お釈迦さまはそれを前提にして教えを説いておられるわけです。

日本仏教が考える死後の世界

では、日本仏教ではその問題をどのように考えていたのでしょうか。わたしは日本仏教には、

――禅と浄土――

という二つの系統があると思っています。

まず禅の教えとは、端的にいうならば、死後の世界だとか、霊魂はあるとかないといったことを一切考えないでいられるだけの精神力を養うこと。それが禅宗のいう坐禅の目的だと思います。

それに対して浄土の教えとはなにかというと、そういう強い精神力を養う暇や力のない人間は、阿弥陀仏を頼って死んだらお浄土に行くんだと信じなさいということです。信じることができれば考えずにいられます。それが浄土教の目的だと、そう思えばいいわけです。

別の言い方をすれば、前章で述べた「空」とは、あると思えばある、ないと思えばないということです。すべての事象は空なんです。あなたの心がものごとに投影しているだけなんです。幽霊なんていうのも、あなたの心が作り出している幻影です。心の持ちようによって、ひとつのものが幽霊にもなるし枯れ尾花にもなるんだというのが空の理論です。だからそんなものにとらわれるなということを教えているのが禅です。考えたってわからない問題を考えるなというのが禅の立場です。

一方、死ねばお浄土に行くんだとしっかり信じることができれば、なにも考えないでいられるんだというのが浄土の教えです。「南無阿弥陀仏」と称えれば、阿弥陀仏がお浄土に迎えてくださるんだと信じ込んでしまえばなにも考えずにいられるというのが浄土教です。日本仏教には、この二つの考え方が底流として流れています。

マルクスも霊魂を否定していない

それでは、わたしたち現代人は霊魂の問題、死後の問題についてどう考えているのでしょう。あるいはどう考えればいいのでしょう。

わたしたちは、なんでも「科学的」に証明されたものでなければ信じないように訓練されてきています。そして、現代科学は霊魂なんてないと教えていると思い込んでいます。でも、それは錯覚です。現代科学は、あるものについては研究できますが、ないものについて「ない」と断言するようなことはできません。あるいは、機械によって検知できるものについては語りうるでしょうが、検知できないものについては語りえません。たとえば、「愛は存在するか」などということに対して、現代科学はなにひとつ言えないわけです。

同様に、霊魂はあるとかないとかということに関して、現代科学はなにも言えません。だからなにも言っていません。ところが、たいていの人は現代科学は唯物論だと思い込み、霊魂がないと言っていると頭の中で信じ込んでいます。しかし、それもひとつのとらわれでしかありません。現代人の多くは、唯物論という考えをも正確に理解していないと思います。

よくマルキシズムは唯物論であるといわれますが、マルクスは精神原理を説いていないかといえば、そうではありません。彼は、意識が生活を変えるのではなしに、生活が意識を規定すると言っているわけで、これは明らかに二元論です。つまり、物質と精神の両方の存在を認めているのです。

ほんとうの唯物論とは、ただ物質だけがあるのであって、精神などというものは存在しないというものです。これはお釈迦さまがご在世だったころ、インドに六師外道と呼ばれる哲学者たちがいたのですが、その中のマッカリ・ゴーサーラという人が唱えた説です。

マルクスはそういう唯物論を説いていません。マルクスが言っているのは「史的唯物論」ということで、歴史を見る時に精神論で解釈せず、物質的、唯物的に解釈したほうがいいということです。だれだれがどういう精神を持っていたから世界がこう動いたんだとか、そんなばかなことを考えるなと言ったのです。世界は経済構造に規定されて動くんだから、歴史をただ物質的に観察しないと見誤ると主張し、唯物史観を唱えたわけです。

ところが、世間の人々は唯物論を「ただものだけ」という一元論の科学だと錯覚し、共産主義が唯物論だというような間違った考え方を持っているようです。そこから、霊魂なんて存在しないと信じることが科学的であり、あるいは進歩的文化人のあかしであるかのように思い込んでいます。しかし、それは単なる幻想にすぎません。ほんとうに霊魂があるかどうかは別問題なのです。

現代科学はなにも言っていないのに、霊魂なんて存在しないと言っていると思い込み、それを常識だと錯覚している。それで行動を律しようとするから、いざ霊魂の問題を考えようとする時、なにもわからなくなってしまうのです。

以前わたしが司会を務め、あるシンポジウムを行ったことがあります。その時、唯物論の科学者が霊魂なんてありっこないと言い、それが科学的な態度だと主張しました。ところが、シンポジウムに参加していた神道系の人が、「あなた、ばかなことを言いなさんな。霊魂はありますよ。わたしには見えます。その爪の先から出入りしているじゃないか」と言い出したのです。現に今見えていると言われて、その科学者はたじたじになっているわけです。

この例からもわかるように、現代人はあたかも霊魂などないと思うことが常識で、進歩的であるかのように錯覚しているだけなんです。それで、いざ自分の問題になって降りかかってくると恐怖におびえている。今日はついているとかついてないとか、たたりがあるとかないとか、ジンクスだとか、いつもそういうことに振り回されているわけでしょう。うわさの霊媒師などに踊らされているのが現代人の姿です。

現代人は、根本に戻って仏教の教えを学ぶべきだとわたしは思います。それはなにかといえば、あれこれと考えない、思い煩うことのない訓練を積むことです。

なにも考えないことが大事

考える訓練ではなくて考えない訓練――それが正しい仏教の修行です。あると言ってもいけないし、ないと言ってもいけない。ですから、そんなことを考えないことです。手品を見ていていちばんに引っかかる人は、タネを見破ってやろうという人だそうです。だからそんなことは考えず、手品を楽しんで見ていればいいのです。

わたしの周りには、意外と「なにかの霊のたたりがある」とか、「こうしたら霊が鎮まった」などという人が多いのです。わたしはそういう話を楽しんで聞いています。否定しないで聞くようにしているのです。

同じような話を聞かされた時、ほかの仏教学者などは、それを否定しようとしてむきになります。そして、「あれはわかっとらん」などと言って、そういう人を敬遠します。だけど、わたしは平気で聞いています。だからそういう人たちは、「先生は信じないかもしれないけどね、でもわかるよね」などと言って、わたしに対して非常におおらかにいろいろな話をしてくれます。

その人たちは、わざわざ手品に引っかかって、逆に手品を楽しんでいるのです。それで自分からお金を払って手品を見にいくという、そんな人たちだとわたしは思っているわけです。

これがわたしのなにも考えない訓練で、死ねばお浄土に行くと信じ込むことができれば、なにも考えずにいろいろなことを楽しんでいられるのです。

死に方の理想を持たないのが理想

この章のテーマである「理想の死に方」、あるいは「理想のお葬式」ということについても、やはり、

――考えないこと――

がいちばんたいせつだと思います。つまり、「わたしはこういう死に方が理想です」とか、「このように葬られるのが理想です」とかという理想に縛られないことです。

多くの人がいかなる死に方がすばらしい死に方かと考え、そんなものがあると思っているようですが、それは錯覚です。死などというものは、わたしたちが選べるものではありません。自殺という手がありますが、しかし、自殺だって自分の思いどおりの死に方ができるかどうかはわかりません。

ビルから飛び降りて一気に死ぬのがいいと思っても、ビルの下をだれかが歩いていて、その人を巻き添えにして殺してしまうかもしれない。そうすると、その人の理想とは違ってくるでしょう。ガス自殺が苦痛が少ないと聞いたからそれでいこうと思っても、ガスが隣の家まで漏

れてその家の人をガス中毒にさせてしまうかもしれないし、ガスに引火して爆発し、おおぜいの人が死んでしまうかもしれない。

このように、自殺ですら自分の思いどおりには死ねないのです。死ぬということは、わたしたちの思いどおりにはならないものです。それを思いどおりにしようと思うその心を捨てることがたいせつなのです。

よく「畳の上で大往生できればいい」などと言いますが、ばかげたことばです。畳の上で死のうと事故で死のうと、死んだ瞬間に当事者はその場にはいなくなるのですから、関係ないことです。いい死に方だ、悪い死に方だなどというのは、たいてい周りの人が言うことです。事故や事件で死んだ人に「こんな無残な死に方をした」などと言いますが、でも、死は死でしょう。どんな死に方でも、死んだその人にとっては厳粛なる死なんです。それを無残だと言うその遺族の見方がおかしいのです。

なぜ無残な死に方と見るかといえば、その対極に「安らかな死」というような理想を想定しているからでしょう。しかし、今言ったように、そんな理想を持っていてもそのとおりには死ねないのですから、まず理想を持つことが欲でありエゴイズムだということを認識してほしいと思います。

そのへんのところは、おおぜいの人が錯覚しています。たとえばある著名な作家が、病気を苦にしてもはや自分は形骸化してしまったと言って自殺しました。すると、それを美しい死に方だなどと言ってほめる人がいますが、それはおかしい。別にけなす必要もありませんが、ほめる必要もないんです。

どんな死に様でもいいのです。これが美しい死だとかこういう死に方をすべきだとかと、死に方に差をつけると、あの人の死に様は悪かったとかもっといい死を迎えるにはこうしたほうがいいなどと、どんどん脅しの宗教になっていくわけです。そこがほんものの宗教とニセモノの宗教の分かれ目で、仏教はそこを説いていかなければならないのに、お坊さんたちは逆にニセモノのほうに便乗している。そこがお坊さんが堕落していると非難されるゆえんであり、葬式仏教と悪口を言われる理由なのではないでしょうか。

死者が幸福になる条件

考えてみれば、人間は古代からずっと死者の幸福というものを願ってきたのかもしれません。葬儀というものも、そのひとつの要素は死者を幸福にすることにあるのではないでしょうか。

では、どうすれば死者は幸せになれるのでしょうか。いろいろな考え方がありますが、それを観念的に整理してみると、次の六通りくらいになると思います。

一、死者の生前の身分で死後の幸福が決まる。
二、死者の生前の善悪の行為の累積で死後の幸福が決まる。
三、死者の死の直前の行為で死後の幸福が決まる。
四、死者の死後の行動によってその幸福が決まる。
五、生前の、死者の遺族の行為によって死後の幸福が決まる。
六、死者の死後における遺族の行動によって死者の幸福が決まる。

一番目の「生前の身分による」というのは、古代エジプトなどにその代表的な事例が見られます。王さまであればもう一度この人間社会に帰ってこられるとされていたから、王さまはミイラにし、ピラミッドを作って保存しておいたわけです。もう一度体が必要になるからです。もちろん庶民はあてはまりません。庶民なんか、死後幸せになれるはずがないということですね。

それから、案外キリスト教がそうです。つまり、生前クリスチャンになって洗礼を受けていれば幸せになれるが、キリスト教徒でなければだめということですから、これも死者の生前の身分によって死後の幸福が決まる例に入るでしょう。

二番目の「死者の生前の行為による」というのは、だいたいインド人の考え方がそうです。いいことをしたら天界に行けるけど、悪いことをしたら地獄に堕ちるという考えで、これはインド人ばかりではなく日本人にもあてはまりますし、この考え方がもっともポピュラーで世界的な感覚だと思います。

三番目の「死者の死の直前の行為による」というのも、案外どの世界にもあります。だから安らかに死なせてあげたい。畳の上で往生させてやりたいと考えるわけです。

日本でも昔は、打ち首になるような死に方をすると、殺された人間は死後怨念を持ってしまうとされていました。こんな話が残されています。

ある人が無実の罪で打ち首と決まりました。彼は処刑を決めた殿さまを恨みます。こういう人間の怨念は、ずっと加害者にたたります。その種の怨念はどこの国にでもあります。

この話では、打ち首になる前に、罪人が殿さまに、「死んだらおまえの末代までたたってやる」と恨み言を言います。すると殿さまは、「おまえにそんなことができるか。ほんとうにできるのなら証拠を見せろ。そのあかしに、おまえの首をはねたらその瞬間に松の木にくらいつけ。そしたらおれはおまえの言うことを信じるよ」と罪人に言いました。「よし、わかった」と言って斬られた罪人の首は、その瞬間ぱっと松の木に飛びつきました。それを見た周りの人たちはガタガタ震え出したのですが、肝の座った殿さまは、「ざまあ見ろ。あいつはエネルギーを全部使いおった。渾身の力で松の木にくらいついたため、もうたたる力はなくなったぞ」と言ったということです。

　さて、四番目の「死者の死後の行為による」という考えの中には、インドの輪廻転生の思想の一部も入ります。人は死んでから四十九日の間中陰の世界をさまよいます。その間、初七日、二七日《ふたなぬか》、三七日《みなぬか》……と、七日ごとに冥土の世界で裁かれます。これらの裁判は生前の行為によって決まるのですから二番に該当するのですが、実は閻魔さんやその他の裁判官にしても、非常に人情味が厚くて判決を下すのがいやなんです。

　そこで判決は先送りされ、最終的に四十九日目に行われるのですが、そこには六つの鳥居があり、死者はそれから一つを選ばせられるというやり方です。

「おまえ、好きな鳥居を選べ。その鳥居をくぐった先がおまえの死後の世界だ。来世のありようなんだ」

　見ると、鳥居は大きなものもあれば金でできているものもあるし、粗末な鳥居もある。その中から一つを選んでくぐると、その先が天界から人間世界、修羅、畜生、餓鬼、地獄という六道の世界につながっているのです。

　そうすると、これは明らかに死後、死者が勝手に選んだということになるわけです。つまり、死者の死後の行動によって幸せが決まるという例です。

　五番目の「生前の死者の遺族の行為による」というのは、臨終の時にはみんなが駆けつけ、手を握って死んでいく。みんなに看取られて死んでいく。そうすれば死者は幸せになるだろうという臨終儀式みたいなものに発想がつながるわけです。

それから最後、六番目の「死者の死後の遺族の行動による」というのは、法要をやったら死者は救われる。子孫がいつまでも忘れずにいれば、死者は幸せになれるというようなことです。

仏教は死者を忘れることを教える

さて、仏教の考え方はどうかといえば、六番目とはまったく逆のことを教えています。遺族が死者を忘れないで供養をしてあげると幸せになるというのは、仏教の考え方ではありません。

インド古代の文献である『ブラーフマナ』に、昼と夜の起源の物語が出てきます。この世の創世期に、ヤマとヤミーという夫婦の神さまがいました。彼らは人類の第一号です。最初の男性がヤマで、ヤミーは人類第一番目の女性でした。だから二人はきょうだいでもあります。その二人が結婚します。近親相姦といわれても、二人しかいないんだからしかたがありません。

ところが、しばらくしてヤマが死んでしまいます。妻のヤミーは悲しみ、「今日夫が死んだ」と言って嘆きます。彼らの神さまは、ヤミーがあまりにも傷心し、やつれているものですから、なんとかしてヤミーを慰めてやろうとします。しかし、ヤミーは「今日ヤマが死んだ」と言って嘆き続けます。

実は、その時はまだ宇宙に夜が作られていなかったのです。だから、いつ行ってもヤミーは

「今日ヤマが死んだ」と言って泣いている。そのことに気づいた神さまは、「そうだ。夜を作ろう」と言って夜を作りました。

そうして一夜が明けると、ヤミーは「昨日ヤマが死んだ」と言いました。さらにもう一夜が明けると、「おとといヤマが死んだ」と言いました。このようにして、ヤミーはいつしか自然にヤマを忘れていったということです。

神さまが夜を作ったということは、まさに「死者を忘れなさい。忘れていいんですよ」と言っていることです。そのために神さまは夜を作られたのです。

実は、このヤマは仏教に取り入れられて「閻魔」となります。ヤマを漢字で書いて「閻魔」です。ついでに言っておきますと、彼は死者の第一号です。そこで天界に昇っていくと、緑したたる楽園を見つけます。ヤマは最初の発見者ですから、ここは自分の領土だと言ってそこの王になります。

やがてその楽園に、死者が次から次へとやってくるようになりました。そのうち楽園は満員になってきて、中には悪いことをしたやつや傍若無人なやつまで楽園に来るようになりました。そこでヤマは地下に牢獄を作り、悪いやつらをそこに堕とすことにしました。それが地下の牢獄で「地獄」ですね。

だから、ヤマには三つの役割があることになります。一つは死者の王、つまり楽園の主です。二つ目は地獄の主です。そして三つ目は、天界におくか地獄に堕とすかを決める裁判官の役割です。仏教では、この三つ目の役割を閻魔さんに持たせているわけです。このヤマとヤミー物語も、死んだ人は忘れなさいということを教えているわけです。

また、空也上人（九〇三?〜九七二）が作ったといわれる『地蔵和讃』という歌でも同じことを教えています。子どもたちは、死ぬと賽《さい》の河原で鬼にいじめられます。昼間、子どもたちは賽の河原で石を積んで五重塔を作り、回向《えこう》しようとします。「一つ積んでは父のため、二つ積んでは母のため」と一生懸命石を積み上げていると、夕方になって鬼が現れ、「おまえの作ったこんな塔は汚らわしいんだ。こんなものは供養にならん」と言って蹴散らし、子どもたちをいじめるのです。

『地蔵和讃』の中には、その時の鬼の声が書き記されています。

（略）

やれ汝《なんじ》らはなにをする
娑婆《しゃば》と思うて甘えるな
ここは冥土の旅なるぞ
娑婆に残りし父母は

今日は七日や二七日《ふたなぬか》
四十九日や百箇日
追善供養のその暇に
ただ明け暮れに汝らの
形見に残せし手遊びや
太鼓人形風車
着物を着ては泣き嘆き
達者な子どもを見るにつけ
なぜにわが子は死んだかと
むごや哀れや不びんやと
親の嘆きは汝らの
責め苦を受くる種となる
必ずわれを恨むなと
言いつつ鉄棒振り上げて

（略）

（『賽の河原地蔵和讃』）

鬼は、「おまえたち、いじめている鬼を恨むなよ。なぜおまえたちがこのようにいじめられるのかといえば、娑婆でおまえたちの父や母が、おまえたちのおもちゃを見ては泣き、隣の子を見ては嘆いている。その涙がおまえたちの責め苦を受ける種なんだ」と言っているわけです。

つまり、子どもの死が父や母を嘆かせている。ということは、父や母の嘆きは子どもの罪なんですね。だから子どもは賽の河原であの世に行けずに苦しむのです。父や母が嘆いているから子どもは苦しむわけです。死んだ子のことを忘れないでいつまでも嘆けば嘆くほど、子どもたちの罪は重くなるのです。

仏教はこう教えているのです。

――死んだ子どもをしっかり忘れてあげなさい。忘れてあげるのがひとつの大きな供養なんだよ――

と。それなのに、死んだ子どものためだといって奨学金を設けたり、記念の植樹をしたりしたら仏教ではありません。日本人の仏教観はどこかで間違っています。

先ほど、死者を幸せにする六つのパターンを列挙した時、第六番目に「死者をいつまでも覚えていることがその人を幸福にする道だ」というのを示しましたが、仏教は全然違うことを教えているわけです。わたしは、死者を幸せにするためにその人をいつまでも忘れないなどというのはインチキ宗教だと思います。

お葬式を迎えた時、多くの人は例の六つのパターンにとらわれ、故人を幸せにするためにはいつまでも忘れないことだとか、あるいは死者にいい戒名を与えたり、宮中の位に該当するような院号を贈って死者の身分を高めれば死者が幸せになれるだろうとか、そういう迷信的なことばかりやっていますが、これは大間違いなんだと思います。

わたしたちは、基本的に死者をしっかり忘れてあげることがもっともたいせつなんです。逆説に聞こえるかもしれませんが、それが供養の王道だと思います。遺されたものがほんとうに忘れることによってしか、死者は幸せになれません。

西条八十《さいじょうやそ》（一八九二〜一九七〇）という作詞家は、幼い自分の女の子を亡くしてしまいます。そしてショックを受け、いつまでも泣いていたといいます。死後九十日を「卒哭忌《そっこくき》」といい、この日は嘆きを卒業する日とされているのですが、西条八十はそれを過ぎてもまだ嘆いていました。

ところがある晩、彼は夢を見ます。天使の羽根のついた自分の子どもがやってきて、「お父さん、お父さんが涙を流すから、わたしの羽が重くって飛べないの。飛んでいけないから、お父さん、涙を流すのをやめて」と言われて、西条八十はようやく目覚めたといいます。

わたしたちがいつまでも嘆いていることは、死者にとって大きな苦しみなのです。先ほどの『地蔵和讃』の続きを読むと、結局お地蔵さんが出てきて鬼にいじめられている子どもたちを

鬼から子どもたちを守るお地蔵さん（『地獄』風濤社刊より）

助け、ほとけの国に連れていってくれるとあります。ですから、わたしたちが死者を忘れた時、親が亡くなった子どもを忘れた時、その子どもをお地蔵さんがちゃんとほとけの国に運んでくださるのです。

前の章にも出た水子地蔵などの相談を受けた時、わたしはその人に言います。

「あなたは忘れることが大事なんです。決してインチキ宗教にだまされてはいけない。子どものことを思い出してお経をあげるなどというのは間違っているんだ。そんなことを言われてお金を出したらだめですよ。お地蔵さんに任せなさい。お地蔵さんはなぜ子どもをほとけの国に運んでくださると思いますか。それは、お地蔵さんが自分の菩薩行として、修行としてやっておられることなんですよ。もしあなたが一銭でも金を出したら、お地蔵さんは、『ああ、わしは宅配便屋さんじゃあないぞ。金を出して連れていってもらうんだったら、だれかほかの人に頼め』と言ってそっぽを向かれるでしょう」

わたしたちにできるいちばん大きな供養とは、忘れることなんです。そのうえで理想のお葬式というものを考えるべきでしょう。

第七章

お葬式はどうあるべきか

お葬式の三つの役割

これまでに挙げてきたことを考えてわたしたちがお葬式をやるということの意味をただすと、最初に言った死体の処理と霊魂の処理も含めて、次の三つがお葬式の役割といえそうです。

一、死体の処理。

二、霊魂の処理。

三、遺族の心の整理。

もちろん一番目の死体の処理は大事ですが、これについては今は葬儀社がやってくれますし、昔は地域共同体で、みんなで手伝って野辺の送りをやって死体を処理したわけです。だから、死体の処理については昔から現在まで、あまり問題なく処置されてきていると思います。

前述のように、遺体の処理として古代からお通夜の儀式も行われてきました。お通夜をなぜやるかといえば、死体が起き上がってきたら困るからです。ほんとうに死んでいるかどうかを確認するために必要なものであり、死体の処理の問題ですから別に死者を悼むわけでもありません。

だから、お通夜は世界的にドンチャン騒ぎをやります。英語では通夜を、〝ウェイク〟といいます。〝ウェイク〟は、動詞だと「目覚める」という意味です。起きていて、眠らずに死体を見ているのです。このウェイク（通夜）も非常に陽気にやります。

日本でも、もともとは陽気にやっていたものです。そして通夜のあと、死者を埋葬します。すると死体は自然に崩壊し、遺骨になってしまいますから、今度は遺骨の処理が問題になってきます。それがお墓に結びついていくわけです。このように、死体の処理の系統のほうにはそんなに問題は残っていないと思います。

次は霊魂の処理です。これは、わたしとしてはお浄土を信じることが大事だと思っています。この場合のお浄土というのは、

――即得往生――

です。「即得往生」とは、死んだ瞬間にお浄土に行っているということです。

前に中陰について述べましたが、中陰があるといえばまさにこれが迷いの霊魂になっていくわけで、そのため魂鎮めなどという奇術のような儀式を文化として発達させていくことになるのです。そして、それを末代までそっくり継承しなければならなくなってしまいます。

だから、死者は死んだ瞬間にお浄土に行っているんだとわたしは信じたいんです。そしてみなさんにも信じてほしいのです。ほとけさまがちゃんと魂を救ってくださるんだよということを……。

わたしたち人間の力で、亡くなった人を十万億土のかなたのお浄土まで送ることはできません。ちっぽけな人間がなにをやったって無効なんです。お坊さんだってできっこない。だからほとけさまが救ってくださる。ほとけさまのほうから手を差し伸べて救ってくださるのです。これが信じられないかぎり、どんなことをやっても迷いは残ります。

だから、肉体の処理と霊魂の処理に関しては、わたしたちは今までの文化を全部捨てて、ほんとうの仏教に目覚めることがたいせつだと思います。換言すればそれは信仰を持つことです。

ある意味では、肉体なんかただの物質です。その死んだ肉体が暑い思いをしているだろうとか寒い思いをしているだろうとか、お酒が好きだったからなどと言ってお墓に酒をかけたりする人がいますが、それは、まだ自分の父ちゃんが飲んべえでだらしのない人間だと思っているということでしょう。

でも、違うんです。死者はほとけの国に救い取られているのです。そして、真の意味での仏教徒になっておられるのです。仏典にも書いてありますが、お浄土の世界の仏教徒は、なにも食べなくても食べたという気持ちになればおなかは膨れるそうです。要するに、物質的な世界ではないということです。

お浄土の世界は、酒を飲まずにはいられないような、そんな苦しみの世界ではありません。

この世でのお酒は、たしかに苦しみを紛らしてくれます。だから悪くないものだと思いますが、でも、苦しみのない世界でどうしてお酒を飲む必要があるでしょうか。もう不要なんです。

わたしはお酒よりもタバコが大嫌いです。タバコを吸う人は、不幸だから吸うんですね。幸福な人間はタバコを吸いません。お酒も同じです。不幸な人間が酒を飲む。やけ酒を飲む。幸福な人間はお酒は飲まないし、飲むにしても楽しいお酒を飲む。わたしはそう思います。

では、ほんとうの幸せの中で暮らしておられるほとけさまは、お酒を飲むでしょうか。飲むわけがありません。ましてやお墓の下にいるのではありませんから、お酒なんかかけるのはやめにしたほうがいいと思います。亡くなった方は、お浄土に行っておられるということを信じなければだめなんです。

「心の整理」がお坊さんの仕事

三つ目の、「遺族の心の整理」のためにこそお葬式はあるべきなのではないでしょうか。わたしはお坊さんにも、これをやってほしいと思います。

大事な人を亡くした時、遺族だけでは呆然として、とっさに整理がつかないものです。そんな時に真の仏教の教えを説いてあげる。つまり、忘れることが大事なんだよと説いてあげる。

その意味でのお葬式をやってほしいと思うのです。

それに、お葬式の時に戒名なんてつけてもらいたくないと思います。在家の人間は出家してないんですから、そのままの名前でいいのです。在家のままでほとけさまに救い取られ、ほとけさまの世界に行った人間がどうして出家する必要などあるんですか。ですから、俗名のままでいいんです。位牌なんかも作らないでもらいたい。みんなでほとけさまを拝むんですから。

またお坊さんには、「お墓なんかいらないぞ」と説いてほしいですね。お墓がある人は埋めてもいっこうにかまわないのですが、ない人はお寺の納骨堂に遺骨を預けてもいいわけです。もっと極端に言えば、前にも話したとおり、電車の網棚に忘れてもいいんだと教えてやってほしい。いえ、これは冗談です。遺骨の問題については、お坊さん自身に真剣に考えてもらいたいのです。

お墓を作ることとは、故人への執着を残すことです。インド人のように、思い出は一切残さず忘れてあげる。そしてほとけの国に帰られたんだと信じる。故人をこの世につなぎ止めるものはなにもないというのが理想なんです。そのことを、遺族にしっかりと教えてあげてほしいと思います。

したがって、お葬式とは基本的に遺族が行うべきものなんです。死体の処理に関しては、近所の人の手伝いが必要でしょうし、葬儀社の手に任せてもいい。しかし、それはあくまで肉体の処理としてです。お葬式そのものは遺族の問題です。二親等といえばきょうだいまでですから、三親等くらいまでが集まればいい。それ以上は不要です。

逆に、縁もゆかりもない人がやってくるのは困るんです。お葬式とはそういうものだと考えてほしいし、お坊さんもそういうふうに指導していくべきです。嫁は別ですが、血のつながりのない人や家族でない人は、お葬式には呼ばないほうがいいとわたしは考えています。

お葬式と告別式は分ける

お坊さんがかかわるべきは、お葬式までです。あとは告別式というもので、告別式とお葬式はしっかり分けるべきです。

ちょうど、結婚式と披露宴とが違うのと同じです。最近は結婚式にまで友だちを呼ぶケースもあるようですが、本来結婚式そのものは親族でやるものです。そして、披露宴はやってもやらなくてもいいのです。今は結婚式といえばイコール披露宴というように思われていますが、それはブライダル産業の言うままにそのような風潮が作り上げられているということで、もともと披露宴などというのは不必要なものです。やりたければやってもかまいませんが、どうしてもやらなければならない行事だというわけではありません。

極端に言えば、結婚式などというものは男と女が床入りすれば済むことです。しかし、それだけでは、家族の中に迎え入れるとか実家から送り出すということでのけじめというか、通過儀礼が果たせないから、家族として一定の形式に則った結婚式が必要となるわけです。

それに対して、披露宴はどんな形ででもやれます。会社の友だちなら会社の友だちだけを呼んでやればいいし、別の友だちは別にやればいい。

同じように、告別式も死者を悼む追悼会ですから、遺族が出る必要はないんです。友だちだけの結婚披露宴に、親族は出ないことが多いですよね。むしろお父さんやお母さんが来ると、世代が違うのでしらけてしまったりするからです。だから、お祝いする仲間だけ集まってやればいいんです。

宗教に関しても、告別式なんですから無宗教でいっこうにかまいません。結婚披露宴にいちいち神主さんが行きますか。それと同じように、告別式にはお坊さんは出なくていいんです。仏教徒が亡くなって、その家で仏式の葬式をやるのはあたりまえですが、仏式の告別式をやる必要はないのです。いろいろな人が集まり、いろいろな宗教の人が来るのですから、むしろ無宗教のほうがいいわけです。

よく、「俺の葬儀はやってくれるな」などと遺言して死ぬ人がいますが、それは「告別式をやってくれるな」と言っているんだと理解すべきでしょう。遺族が集まって行う死体の処理、霊魂の処理、遺族の心の処理、それをやるなとはだれも言っていません。そこの区別をはっきりさせることがたいせつだと思います。

告別式はやりたい人が勝手にやればいい

告別式は追悼会ですから、やりたい人が勝手にやればいいんです。先生が亡くなったのなら教え子や弟子たちが集まって勝手にやればいいし、会社の部長が亡くなったのなら部の連中が勝手に集まって偲べばいいんです。

たとえば太宰治の「桜桃忌」というのがありますが、あれは縁もゆかりもない人たちが太宰治を偲ぶ告別式です。だから毎年やってもいいし、だれが参加してもかまいません。でも、それまでいっしょくたにしてお葬式だと思っているなら、それは大きな間違いです。

田中英光という作家がいました。太宰治の弟子で、同じく無頼派作家でした。『オリンポスの果実』という作品があります。この人は太宰の墓前で自殺したのですが、亡くなる直前まで浅草の「染太郎」というお好み焼き屋さんに入り浸っていたといいます。

実は、わたしはこの「田中英光を偲ぶ会」の幹事長だったのです。もう一人の追悼会会長と二人しかいない会で、毎年追悼会をやっていました。正直言って、わたしは幹事をやらされてから作品を読んだいい加減な読者なんですが、毎年命日にわたしと会長と染太郎のばあさんと三人でお酒を飲んでいただけです。

しかし、一応毎年やるわけですから、田中家にも追悼会をやりますから来てくださいと呼びかけたり、知人に声をかけたりしていました。するとだんだん人数が増えていき、七、八人くらいになったこともありました。そのへんの編集者が集まり、わあわあ言ってお酒を飲んでいるだけなのですが、田中英光のことはだれも知りません。会長だけは自分が担当していた作家だったのでよく知っています。手紙をもらったなどと言って大事に持っているわけです。

ある時、田中英光の息子さんが来て、「ああ、わたしのおやじは毎年こんなことをやってもらっているんですね。招待を受けながら一回も来ないで失礼しました。いい会ですね」と言って喜んでくれました。

そんなふうに、告別式や追悼会はやりたい人がやればいいんです。遺族がやる必要はまったくなく、その気持ちのある人が発起人になってやるのがいちばんいい形だと思います。

通夜とお葬式は親族だけで

告別式・追悼会はやりたい人がやればいいし、逆に通夜とお葬式は親族しか集まってはいけないのです。わたしはこれに参加できるのは三親等、せいぜい四親等までと思っています。

しかし、現実にはお葬式にどんどん他人が入り込んでいます。実に困った現象なんですが、そのことに気づく人はほとんどいません。どうして気が回らないのでしょう。

通夜とお葬式は、親族だけでやるべきです。それが理想です。血のつながりのない人は入れるべきではありません。でも、中には必ず、「わたしは故人のきょうだいも同然だ」などと言って出しゃばってくる人もいるものです。そのへんは遺族の判断ですが、わたしは遠慮すべきだと思います。通夜とお葬式は遺族だけでやってください。そうでないと、心の整理がつきません。

しかし、これを言うとたぶん猛反発を食らいます。お坊さんや葬儀社の収入がなくなるからです。でも、今なぜ多くの人が、自分の葬式はやめてくれと遺言したりすると思いますか。それは、あまりにもばかばかしくお金がかかるからです。

一九九七年、東京都生活文化局価格流通部価格調査課編集・発行の「生活プラン・ハンドブックシリーズ4」『わたしたちのデザイン―葬送―』という資料によれば、自宅で行った葬儀の平均支払額は三百五十七万円、もっとも安い集会場を使った場合でも二百九十七万円ということです（次ページ表参照）。

とても庶民が平気で支払える金額ではありません。しかし、それがあたかも必要なことのように思われているのが実情です。でも、ほんとうはそんなことをやればやるほど仏教でなくなるんです。人間が儀式をやればやるほどほとけさまは信じられなくなるんです。そこのところを考えてほしいとつくづく思います。

葬儀会場別葬儀費用の支払額

全体平均 380.9万円

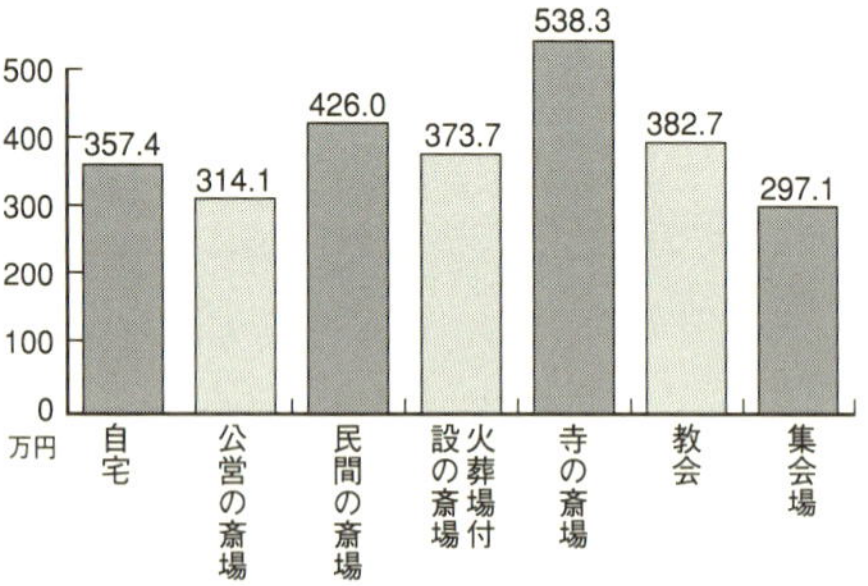

出典：葬儀にかかわる費用等調査
96年（東京都生活文化局）

香典の充当図

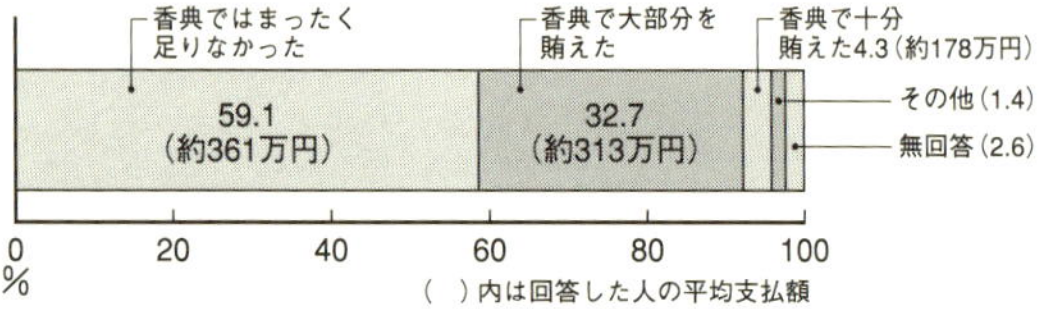

（　）内は回答した人の平均支払額

葬儀の準備内容

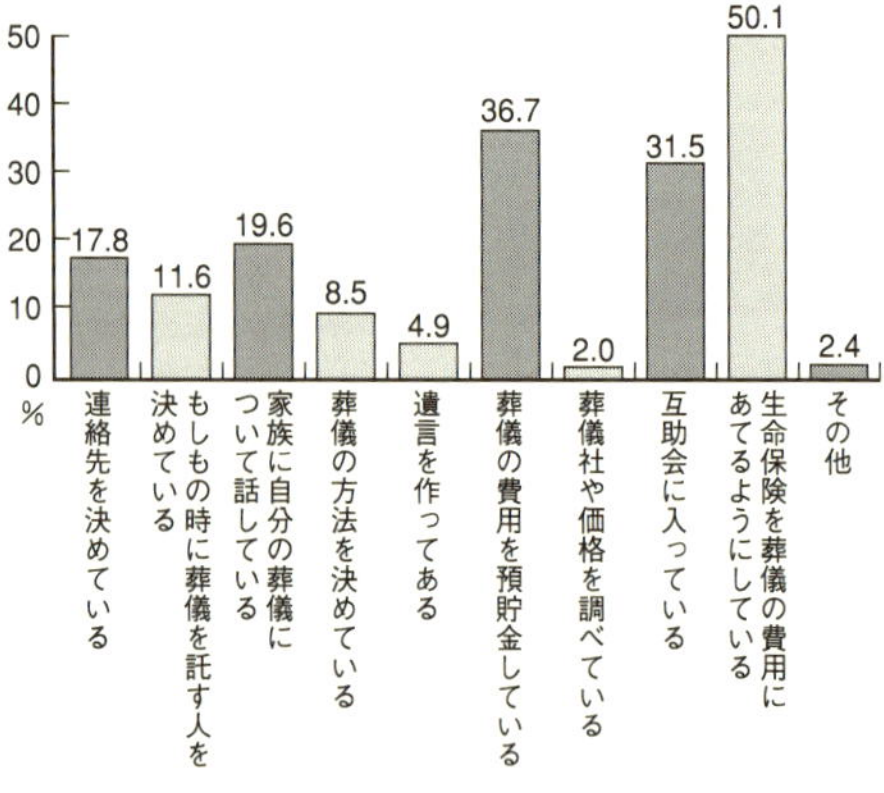

これはお坊さんや葬儀社だけの問題ではなく、葬儀をあげるわたしたちの問題なのです。

告別式はイベントとしてやればいい

最近だとX－JAPANのhideの告別式（一九九八年五月七日）の時に大変な人数が集まって話題になりましたが、告別式とお葬式の違いを徹底させるために、有名人の告別式は派手に、むしろイベントとしてやったほうがいいかもしれません。その場合、告別式と呼ぶとややこしいから、追悼式と呼ぶことを提案したいと思いますが、追悼コンサートとかチャリティー追悼会などといってどんどんやってほしいですね。

現に、横浜市鶴見の総持寺で開かれた石原裕次郎の法事の時も、駅から人が並んで身動きがとれなかったといいますし、美空ひばりの熱烈なファンである銀座のバーのマダムが、告別式の時に喪服を着ていったら遺族と間違えられて、どうぞどうぞと式場に入れてもらったと話していました。

有名人や芸能人の場合はひとつのイベントですから、追悼会、つまり告別式を彼らが派手にやればやるほどいいんです。まったく会ったこともない読者やファンがわんさとやってきて大騒ぎをすれば、告別式というのはお葬式と違い、お祭りなんだと思ってくれます。そうすれば、だんだん告別式とお葬式の違いが世間にも浸透していくでしょう。

そして、逆に庶民のほうは、告別式などというものは自分には関係ないものだと思うようになっていくことをわたしは期待しているのです。「俺は芸能人じゃない。俺の告別式なんかやらなくていい。あんな金のかかる追悼会は、俺には不必要だ」と反発して告別式と葬儀の違いを知り、正しい執行のしかたを考えていくようになれば、ああいう見世物がたくさん行われることはかえっていいことだとわたしは思っています。

毎日を生前葬にする

芸能人といえば、水の江滝子さんが「生前葬」を行って話題になったことがありました。ちょうどそのころ、わたしはテレビの生活相談の番組に、回答者として出演しました。

その番組にいろいろな人から電話がかかってきてさまざまな相談を受けたのですが、その中で、「生前葬をやりたいと思うのですが、どのようにやればいいでしょうか」という相談がありました。水の江滝子さんの生前葬の直後だったので、刺激されたのかもしれません。それで、その人とわたしの間で次のような会話が交わされました。

「あなた、生前葬をやるというのはすばらしいですよ」

「でも、あんな仰々しいのはいやなんです」

「ああ、それはそうですね。わたしもそう思います」

「水の江滝子さんは、芸能人だからあんなふうにやるんでしょ。わたしは、もっと慎ましやかにしんみりとした生前葬をやりたいんです」

わたしはここまで聞いて、彼女にこう言いました。

「わたしも賛成です。なかなかいい考えですね。では、あなた、次に友だちに会う時に、これが生前葬だと思って会いなさい。明日もだれかと会う時に、これが生前葬だと思って会いなさい。ただし、相手にはなにも言ってはだめです。自分の心の中だけで、これは生前葬だと思っていっしょにお茶を飲めばいいし、お酒を飲めばいいのです。あの人はかけがえのない友だちだったと思いながら話ができたら、これは生前葬になるのではないでしょうか」

すると彼女は、「ありがとうございました」と言って喜んでくれました。

中には冗談めかした生前葬をやりたい人もいるでしょう。たとえばバーの何周年記念でママさんがやるとか、会社の社長が出入り業者を呼んでやるなどということです。でも、それはショーですね。生前葬ではなく遊びです。ほんとうの生前葬というものを考えれば、そんな遊びではなく、会う人会う人と真剣に対峙する「一期一会」の精神に結びつくものになると思いますし、またそうでなければいけないでしょう。わたしたちの一日一日が生前葬となることができれば、生そのものが輝き出すことでしょう。

老死は連続的にお浄土に至るプロセス

中には、自分を見せびらかしたいために生前葬をやりたいなどと言う人もいます。会社の社長や役員になったような人たちですが、参列者を見て、自分の社会的な立場を確認したいのでしょう。人間は老いれば老いるほど執着が弱まっていくものだと思うのですが、我欲や名誉欲というものは違うのかもしれません。

そもそも、そういう人たちは自分の死を、人間の死というものをどのように考えているのでしょうか。

快楽主義の哲学者といわれたギリシアのエピクロスは、「死は人間にとってなんでもないんだ。なぜなら、人間が生きている間は死んでないし、死んだら生きてないんだから」と言いました。哲学的には、ひとつそういう考えが成り立ちます。

しかし、それは死というものを点としてとらえているわけです。ひとつの点を設定して、ここまでは生きているがここからは死んでいるんだという考えです。現代医学の脳死などに関する考え方も、これにあてはまるのではないでしょうか。

しかし、仏教が考えている死というものはそんなものではありません。氷は溶けると水になりますが、一瞬にして水になるわけではありません。最初一〇〇パーセントの氷だったものが、氷九〇パーセント、水一〇パーセントとなり、それから氷が六〇パーセント、水四〇パーセントとなり、徐々に氷が一〇パーセントで水が九〇パーセントになっていくのです。そしてついには水一〇〇パーセントと、そういうふうに連続的に変化していくわけです。

同じように、人間は生と死というものを連続的に生きています。最初の一〇〇パーセント生の段階から、わたしたちは少しずつ死んでいっているんです。死が一〇パーセント、生が九〇パーセントという段階になり、それから生が四〇パーセント、死が六〇パーセントと移行し、やがて生が一〇パーセント、死が九〇パーセントとなり、最後には死が一〇〇パーセントとなってこの世から去っていく。仏教では、人間の死をそういうふうに、連続的に変化するものととらえています。

だから、それが「老死」という言い方につながるのです。仏教では、人間は苦を背負っている存在だとして、その苦の代表は「生《しよう》・老・病・死」であると指摘しています。これを「四苦」といいますが、その中から老と死をとって「老死」というわけです。

この老死は連続しているものですから、老いるということはまさに死とイコールといえます。わたしたちの中では、生、つまり若さというものと老と死が連続的に変化していく。そして死んだらあとは仏教徒としてお浄土に行くわけですから、言い方を換えれば、わたしたちの中に死のパーセンテージが広がっていく分、お浄土が広がっていくわけです。

つまり、老死とはなにかといえば、

――わたしの中にあるお浄土――

なのです。だから、最初はお浄土は全然なかったけど、徐々にお浄土がわたしの中に増えてくる。それが真の仏教者の考え方であり、生き方ではないでしょうか。

わたしのおふくろはまだ生きていますが、おやじはとっくにお浄土に行っています。おばあちゃんもお浄土にいます。それで、わたしが死んでお浄土に行ったら、おやじにこう言われるような気がします。

「おまえ、なんだ。お浄土に来るのにそんな煩悩だらけで。お浄土に来る覚悟みたいなものを持たずに来たのか。おまえ、向こうで何年生きてきたんだ。おれなんか三十代で死んだのに、おまえは六十も過ぎていながら、お浄土に来るのにそんな娑婆《しゃば》の心丸出しで来たのか。煩悩丸出しで恥ずかしくないか！」

そう言って一喝されるのではないでしょうか。だから、ちょっとでも怒られないように、少しお浄土にお土産を持って帰りたいなあと思うんです。それはなにかと問われれば、やはり美しい思い出みたいなものでしょうね。勲章や地位、ポスト、お金――そんなものはお浄土のお土産になりません。

仏教者としてのわたしの役割

ところが、今の日本人は欲望だらけになっています。働くことが悪いというわけではありませんが、お金のためだけに働いている。それではエコノミック・アニマルと言われてもしかたがありません。年を取れば年を取ったなりの役割があるのに、「生涯現役」なんてばかなことを言っている人がおおぜいいます。もういいかげんに、自分の中に徐々にお浄土を作っていきなさいと言いたいですね。

今のわたしの役割は、そういったことをなるべく多くの人たちに知らせることだと思っているのです。わたしはかつて、増原良彦という本名で本を書いていました。でも、今はその名前では全然書いていません。出版社からお呼びがかからないということもあるでしょうが、今ひろさちやという名前で書いているものは、仏教と世界の宗教を比較して仏教をよく知ろうという内容の本です。仏教だけしか知らないものには、ほんとうの仏教もわからないと思うからです。

ゲーテも、「外国語を知らないものは自国語も知らない」と言っています。外国語を知ってはじめて自分の国のことばのよさがわかってくるのです。だから、仏教を理解するには、世界のいろいろな宗教を理解する必要があると思っているのです。

それでわたしの本を読んだり講演を聴いたりして、「ああ、肩の荷が下りた」とか、「少しは楽になりました」と言ってもらえることは、わたしにとってもうれしいことです。

ほんとうの仏教というのは、まじめに歯を食いしばって生きなさいとか、聖人君子になりなさいとかというものではありません。もうちょっと気楽に生きなさいというのが、わたしはほんとうの仏教の教えだと思います。そのことを、ストレスが多い日本で少しでもわかってもらいたいと願っていますし、また、そのお手伝いができるのなら微力でも尽くしたいと思っているのです。

だから、講演などを依頼された時はなるべく断らずに行こうと努めています。動けなくなれば別ですが、体がついていけるうちはやれるだけやろうという気持ちでいます。その意味では、だいぶ娑婆っけがなくなっているのでしょうか。自分で娑婆っけをなくしたいと思っているのも事実です。

それが可能なら、わたしのなけなしのお浄土へのお土産がやっとできるということになるわけです。

お坊さんのあり方

娑婆っけということをもう少し詳しく言うと、次のようにいえます。

わたしは今の仏教界やお坊さん方のあり方を考えた時、なにがたいせつなのかといえば、娑婆のものさしを捨てることだと思っています。仏教は出世間の教えです。娑婆、つまりこの世間のものさしを捨てることが仏教の教えです。お坊さんたちは、娑婆のものさしで仕事をしてはいけないと言いたいのです。

たとえば登校拒否の子どもがいたとします。この子どもを娑婆のものさし、世間のものさしで見れば、学校に行く子はいい子だが行かない子は悪い子です。だから、この登校拒否している子どもを、なんとかして学校に行けるようにしてやろうということになります。それが世間の考え方で、児童相談所や教育委員会がこの立場に立っています。つまり、学校に行けるようにすることが理想であり解決なんだという立場に立って、心理学者のカウンセリングなどもそういう方向に行くように行われています。

しかし、お坊さんには世間のものさしを取り払ってほしいんです。登校拒否している子どもと出会ったら、「ああ、よかったなあ。行かなくていいんだよ。学校は刑務所なんだから」ぐらいのことを言ってやってもらいたいのです。

もちろん登校している子どもに学校は刑務所だから行くななどと言う必要はありません。が、学校に行けない子どもに対しては、「行かなくていいんだよ。学校なんて刑務所だし、国というのは悪いことばっかりやっているんだ。第一に、納税の義務などといってわれわれの財産を奪うんだ。第二に、兵役の義務だといってわれわれの命を奪うんだ。そして第三に、教育の義務だといってわれわれの魂を奪うんだ。だから、魂を取られに学校なんかに行かなくていいんだよ」と、そういうふうにお坊さんには言ってほしい。わたしは、それが仏教者の仕事なんだと思っています。

またたとえば、三歳くらいで幼くして死んだ子どもがいたとします。わが子を失った親の悲しみは想像を絶するものでしょう。だからそんな時、思わず「ああ、気の毒にね」と口に出してしまいがちですが、しかし、お坊さんがそう言うのは娑婆のものさしなんです。

お坊さんには、「おめでとう」と言ってほしい。「よかったよかった。この子はほとけさまの世界に行ったんだよ。ほんとうによかった。おめでとう」と。

もちろん、遺族にはしかられるかもしれません。でも、おためごかしで「お気の毒に」「かわいそうにね」などと言って涙を流しても、それが遺族の救いにはならないのです。

子どもを亡くした親がほんとうに救われるのは、むしろ前者のような非常識なことばだと思います。わたしはそれが仏教者の仕事だと信じています。

病人を見舞いにいく時も、たいていの人は「がんばってね」と言いますが、病人にとってそれがいちばんつらいことばなんです。だって、病人はがんばれないから病院にいるんですよ。

わたしが病人を見舞いにいった時、ポツンと言ってみました。

「これでよかったのかもしれんよ。病気になってよかったのかもしれん。なにがどういいのかはよくわからないんだけど、よかったような気がする」

するとお友だちは、「ああ、そうだな」と言ってわかってくれました。言い方は難しいですが、自分がほんとうに信じていれば相手もわかってくれるし、むしろそのことばを喜んでくれるものです。

ほんとうの苦しさを理解する

兵庫県のあるお寺で、登校拒否の問題に取り組んでいるお坊さんがいるのですが、わたしはここを見学に行きました。何十人という登校拒否をしている子どもたちの親御さんが集まり、いろいろな悩みを打ち明け合っていました。

ある人が嘆きます。

「うちの子は小学校五年の時から登校拒否をして、中学校に行っても二年間いっこうによくならないのです。どうしたらいいかわからなくて……」

すると、その横にいた人が応じます。

「あなた、三年で悩んじゃだめよ。うちの子は七年目だけど、まだ希望は捨てていないわ」

そのことばを聞いて、二年目の人がほっとしているんです。わたしは、なるほどいい会合を催しておられると思って耳をそば立てました。今の日本には悩みごとを言う場がないんですね。そこではみんながいろいろなことを語っておられました。

「うちの子は、小学校の時から柱にしがみついて行きたくないとゴネて、登校拒否しているんです。それをなんとか力ずくで行かそうとして生爪がはがれました。そうまでしてやったんですが、どうしても行かないんです。最初はぶん殴っていたんだけれど、中学校も卒業の段階になると、向こうのほうが大きくなって今ではこちらが殴られるんです」

そう言って嘆いている人がいるかと思うと、その人を慰めるようにこんな話をする人もいました。

「うちの子は、最近変わったんです。それはなんでかというと、もうヘトヘトになったんですね。もう五年もかかってもどうにもならず、夜中に暴れたりして生傷が絶えなかった。地獄の苦しみだったんです。それでヘトヘトに疲れ果てて、最後に父ちゃんと話し合って、もうこの子、学校に行かないんだったら行かないでいいやと、そうふんぎれたんです。するとその途端、子どもがころっと変わったんです。学校に行くようにはならないですよ。でも、それまでは暴れまくって、親に向かっててめえ呼ばわりしていた子がなんかおとなしくなって、最近は、お母さん、手伝おうかなどと言って台所に顔を見せるようになったんですよ」

親が学校に行かせようとして精根尽き果てて、もう行かないんだったら行かないでいいや、と思った瞬間に子どもが変わったというのです。ほかにもそういう例がたくさんありました。

つまり、親が学校に行くべきだといったものさしを押しつけてくる時、子どもはつらいのです。行かせようとしたら自殺するかもしれない。だから世間のものさしで勝負してはだめなんです。

せめて心ある人はほとけさまのものさしを持ち、苦しんでいる人たちの味方になってください。お葬式の時も、「ご愁傷さま」などということばは使わないで、「ほとけさまのそばに行けてよかったね」と言ってやってほしいのです。これが仏教の真の考え方なんです。

ただし、誤解しないでください。「よかったね」というのは、死者に対することばです。やはり遺族は寂しいんです。だから、遺族に対しては、「お寂しいでしょうね。でも、早く忘れてあげなさいね」と言うべきでしょう。

献灯献花も不要

そういう意味では、お葬式のいろいろな儀式はこちら側、つまり娑婆世界から行われるものですから、死者の側、つまりお浄土のほうから見ればすべて不必要なことといえるでしょう。

たとえば献灯献花なども、やらなくてもいいことです。

ネアンデルタール人も死者に花をささげた跡があったから、花は古代から死者に安らぎを与えるものなのだなどと言う人がいますが、ネアンデルタール人の献花にしても習俗です。生きている人間にとって花はきれいだから、たいていの民族で死者を花で飾ってあげようとしますが、それはやはり各民族の文化であり習俗です。

ともし火をささげるというのも、暗い世界に行くのだから明るくしてあげようという心づかいだろうと思いますが、それはひとつの文化です。文化とはひとつの民族の共同の幻想、つまり迷信ですから、そういうものにとらわれて献灯献花をしなければならないというようにこだわらないほうがいいと思います。

ましてや、花をあげなければならないといって造花にしてみたり、へんな花輪にしてみたりすることはまったく不要だとわたしは思います。

娑婆世界にいて死者を送る人の心情として、献灯献花をしたいという気持ちがわからないではありません。だからやってもいいのですが、それがすぐに、「やらなければならない」と錯覚されるから困るのです。その意味では、言い方は難しいのですが不必要と言わざるをえません。亡くなった人はほとけさまが救ってくださり、ほとけさまの世界に行っているのです。だから、みんなが気づかっている遺体は抜け殻だと知るべきです。

習俗は娑婆世界のもの

古代日本には、もがりという葬送儀礼がありました。『古事記』に、天若日子《あめのわかひこ》の葬儀の模様が次のように記されています。

　すなわちそこに喪屋《もや》を作りて、河雁《かはがり》を岐佐理持《きさりもち》とし、鷺《さぎ》を掃持《ははきもち》とし、翠鳥《そにどり》を御食人《みけびと》とし、雀を碓女《うすめ》とし、雉《さぎし》を哭女《なきめ》とし、かく行い定めて、日八日夜八夜《ひやかよやよ》を遊びき。

　これがもがりです。喪屋とは死体を安置する小屋、岐佐理持とは旗持ち、掃持とは箒持ち、御食人とは食事係、碓女とは米搗き役、哭女とは泣き女、「遊ぶ」とは鎮魂の歌舞をすることですから、天若日子が亡くなった時、喪屋を作って遺体を安置し、河雁という人を旗持ち役、鷺という人を箒持ち役、翠鳥という人を死者に食事を供する役、雉という人を泣き女として八日八夜鎮魂のための歌舞を行ったという意味です。

　おそらく身分の高い人のお葬式で行われたお通夜の一種なのでしょうが、これも遺族の行為が死者を幸せにするという考えに基づいた儀式だと思われます。遺族が死者の死を悲しめば悲しむほど死者は幸せになれるんだということです。

泣き女というのは朝鮮半島にもあります。遺族は案外泣けないものです。家族を失って落胆していても案外泣けない。しかし、涙を流すことによって死者が幸せになるというひとつの考え方、迷信がありますから泣かなければならない。そこで泣くことを職業とする「泣き女」を雇うわけです。一升泣き、二升泣きなどといって、米一升くれたら一升分泣くというように、米の量や給料によって泣き方が変わってくるのです。

日本のもがりも朝鮮半島の泣き女も文化であり迷信です。文化を迷信というと叱責をかうかもしれませんが、娑婆世界で作られた観念という意味では同じです。

主君が死んだあと、忠臣が切腹するなどというのも、そういう行為によって死者が幸せになれるという文化、つまり迷信があるから世界のいろいろな民族で行われてきました。王者が死んだ場合、いっしょに奴隷を葬るわけです。それがのちに、埴輪などで代替えされるようになります。秦の始皇帝のお墓から発掘された兵馬俑《へいばよう》などもそのような文化の一種といえるでしょう。

そういう意味では、火葬も文化、土葬も文化です。死体を鳥に食べさせる鳥葬という文化もあります。あるいは骨や肉体を食べる文化もあります。これは「カニバリズム」と呼ばれますが、みんな文化です。

日本には日本の文化があり、日本人はそれがほんとうのものだと思い込んでいますが、よその国と比較すればみんな違います。つまり、それぞれの民族の共同の幻想、迷信なのです。だから、これらはどれが正しいというものではありません。ただ言えることは、それらはすべて娑婆のものさしだということです。

キリスト教のお葬式

泣き女をはじめ、東洋では遺されたものが悲しまないと死者は浮かばれないという発想があるようです。だから、お葬式はしめやかにというようなちょっと沈んだ感じがありますが、キリスト教の場合は神のもとに行って安らかに眠るのが死だという考えになります。それを信じることがキリスト教ですから、そうすると死は怖いものではありません。うれしい復活になります。これは日本の考え方と一〇〇パーセント違っていると見てもいいかもしれません。少し、キリスト教の死に関する考え方の一部をかいつまんでご紹介してみましょう。

わたしの知り合いに、日本に住んでいるインド人のカトリックの神父さんがいます。アメリカに長い間行っておられた神父さんなのですが、その人に、「〝天国泥棒〟ということばを聞いたことがありますか」と質問しました。しかし、インド人の神父さんは知りませんでした。

実は、〝天国泥棒〟といったことばは、日本のカトリック信者の間で作られたものです。死が迫ってきた人が、病院でみんなに説得されて死の一週間前に洗礼を受けます。カトリックで洗礼を受けて一週間後に死んでいったのですが、カトリックの教義ではその人はもちろん天国に行けるということになります。

すると、別のカトリック信者から、「わたしたちは三十年、四十年とカトリックの信者としてまじめに生きてきた。それなのに、あの人はたった一週間で天国に行けることになった。それは天国泥棒だ」という声があがるというのです。

わたしは神父さんに質問してみました。

「日本人のこういう考え方って、神父さんわかりますか」

と。すると、彼はこう答えました。

「日本人って特殊な考え方をしてますね。まるで、日本人はカトリックの信者だからまじめにつつましやかに生きなければならないと考えているようです。でもそれは逆なんで、宗教を持っているから人間はまじめになるんです。だから、ついあの人はカトリックだからいいことをするんだとか、カトリックのくせにあんな悪いことをするという発想になって表れるのでしょう。しかし、悪いことをするとかいいことをするということは、宗教とは関係ありません。悪いことをするから懺悔があるわけです。神に許しを乞うのです。それなのに、まるで悪いことをしないのが宗教だと思っているのはおかしいですよね」

わたしもそう思います。三十年、四十年と、まじめに悪いこともせずに生きてきたから天国

に召されるのではなく、ほんとうにイエスの福音を信じることができた時に救われるのでしょう。娑婆のものさしで、社会的にほめられるいい人間だから救われるなどと思うのは全部錯覚です。

キリスト教の場合は、入信してキリスト教徒になれば、その身分が死者を天国に行かせてくれると考えます。キリスト教では、入信とは神さまとの契約だとされるからです。契約を結んだ人間のためには、神さまはちゃんと支払いをしてくれますが、契約を結んでいない人間のためにはなにも支払ってくれません。

わたしはテレホンカードのコレクターなのですが、ある生命保険会社のテレホンカードを見たら、「入った人だけ、守ってあげる」と書いてあって、露骨だなと思ったことがあります。でも、考えてみたらあたりまえなんです。保険に入らずに、生命保険会社が守ってくれるはずがありません。

それと同じように、神さまはクリスチャンになれば守ってくれるし、クリスチャンにならなければ守ってくれないのです。洗礼を受けてクリスチャンになれば、契約ですから当然神さまが守ってくれるし天国に行けるわけですが、日本のクリスチャンはその契約ということがよくわかっていないから、天国泥棒というようなことばが出るのでしょう。

仏教は自覚の宗教

仏教は契約宗教ではありません。わたしは仏教は、

――自覚の宗教――

だと思っています。要するに、自分はほとけさまの子どもであると自覚するということです。「諸法実相」といい、ほとけさまはこの世のありとあらゆることに存在意義を認めておられます。つまり、ほとけさまはなにをしてもいいと言っておられるのです。そのことがわかり、自分はほとけさまの子どもなんだと自覚できれば、なにをしてもいいのです。死ぬ時だってどんな死に方をしてもいい。わたしはそれが仏教徒だと思います。

どんな死に方をしても、死んだら必ずほとけの国に連れていってくださると信じることです。「往き生まれる」と書いて「往生《おうじょう》」と読みますが、わたしたちは死んだ瞬間にほとけの国に往き生まれるのです。それを自覚した時、わたしたちは仏教徒になるのです。仏教とはそういう宗教だと認識してほしいと思います。

よく、身内の死に出会った時に葬儀屋さんなどから何宗ですかと聞かれ、わからなくてとまどっている人がいますが、身内の人が知らないということは、当然死んだ当人も知らないのでしょう。つまり無宗教ということですから、その人はほとけの国に往っているとはかぎりませ

んね。

無宗教で生きている人間が、なぜ死後宗教的な葬式をやらなくてはならないのか、わたしには不思議でなりません。大事なことは、生きている間に自覚することです。わたしはほとけの国に往かせてもらえると、生きている間にしっかりと自覚しなければなりません。自覚もしないのに、死ねばお浄土に届けてもらえるなどと、ほとけさまを宅配便みたいに考えているのは仏教徒ではありません。

ましてやお坊さんが、死者をまことしやかに仏弟子にして、戒名を与えて往生させるなどというのは茶番です。「この人は無宗教で死んだんだから、地獄に行っているかもしれない。わしゃ知らん」と言って突き放せばいいのです。わたしは逆に、お坊さんにはそれだけの勇気を持ってほしいと願っています。死んでから新たにこの宗派に入りますなんて言ってもだめなんです。

キリスト教であれば、契約ですから死の直前でも契約を結べば天国に行けます。仏教も自覚の宗教ですから、死の直前に自覚してもかまいません。しかし、死んでからでは契約も結べないし、自覚もできません。だから、わたしたちは生きているうちにそのことを知らなければならないのです。

思いわずらうな

自分のことを言えば、わたしは仏教徒だと自覚しているから、非常に楽です。経典の中で、ほとけさまは「明日のことを考えるな」と言っておられます。だから、最近わたしはどんなことに関しても全然心配しなくなりました。

昔はなかなかそういう自覚が持てず、たとえば明日九州に講演に行かなければならないのに台風が来ているなどという場合、「飛行機は飛ぶかな。飛ばなかったらどうしよう」などと思って台風情報をテレビで見ていたものです。

しかし、このごろは天気予報すら見ません。台風が来ているかどうかなどということは関係ないのです。要するに、わたしは明日のことを思いわずらう必要が少しもないのです。考えてみれば、講演に行けなくて困るのはわたしではなく向こうの主催者です。だから羽田まで行って、飛行機が飛んでいれば乗っていけばいいし、飛んでいなければ主催者に「行けませんよ」と連絡してピンチヒッターを立ててもらえばいい。それは向こうの仕事であって、なにもわたしが思いわずらう必要はないのです。そう思えるようになると、非常に気が楽になりました。

もちろん、わたしがテレビに向かって念力をかければ台風がそれるというのであれば、そうするかもしれません。しかし、台風はわたしの意思に関係なく独白の動きをしているのですか

ら、そんなに思いわずらう必要はないのです。

　ところが、世間の人はそんなところもがんばらなければならないと言って、一生懸命あれこれと算段しています。そんな生き方は苦しいじゃないですか。もう、がんばるのはやめましょうよ。

　大地震の危機が取りざたされていますが、わたしは地震が来たら死ねばいいと思っています。だから、わたしはなにも考える必要がありません。家に食料を蓄えろだとか水はどうしろとか懐中電灯がどうのと言っていますが、そんなものを用意しても、家にいる時に地震が来るなどという保証はどこにもありません。ビルの下を歩いている時に来るかもしれないし、地下鉄に乗っている時に来るかもしれないのです。にもかかわらず、あれこれあたふた準備することになんの意味があるのでしょうか。すべてほとけさまにお任せすることです。

　もちろん、政治家がそう言ったら困りますよ。政治家が自分の欲でものを考えてはいけません。パブリックな立場とプライベートな立場はきっちりと分けなければならないと思います。

　でも、わたしは政治家ではありませんから、自分で死ねばいいと言えます。どうしたら生き残れるかなどと考え、いろいろと準備するのはしんどいことです。飛行機に乗る時に保険をかける人がいますが、わたしはまったくかけません。死んだあとお金をもらってもしかたがないし、第一飛行機会社が立派な葬儀をやるでしょう。

みんな、どうしたら生き残れるかと発想するからしんどいんです。死ねばいいと高をくくればいいんです。それが仏教徒の自覚というものだと思います。

ついでに言えば、今の日本の企業は、不景気になればさあリストラだと言いますが、わたしはこれはおかしいと思います。たとえばドイツなんかでは、〝ワークシェアリング〟といって、仕事が少なくなったのであればどうやって仕事を分けていこうかと発想します。ところが日本では、この不景気に向かってどうしたら生き残れるかとしか言わない。他人は死んでも、自分さえ生き残れればいいという考えでしょう。どうしてみんなで仕事を分けていこうと考えないのでしょうか。みんな欲です。日本人はみんな欲に縛られて苦しくなっているのです。

自分が仏教徒であることを自覚して、ほとけさまにすべてお任せする、そのほうがずっと楽だし得だともいえます。自分が信仰したい宗派がなんなのかもわからずに死んでいくのではなく、生きているうちに自覚して楽になってください。

お坊さんたちも、葬式仏教といわれて怒るのではなしに、葬式ひとつまじめにやってきていなかった現状を省みてください。今行われているのは葬式仏教ではなく、告別式仏教です。最後に、この葬式仏教と告別式仏教の違いをしっかりと認識してほしいと提案して、筆を置きます。

謝辞

PHP研究所学芸出版部の阿達真寿さんに編集の労をとっていただきました。また、㈱みち書房の田中治郎さんには、テープ起こしから、原稿の整理、資料の収集に協力してもらいました。あわせて感謝のことばを述べさせていただきます。

合掌

ひろさちや

【参考文献】

東京都「生活プラン・ハンドブックシリーズ4」『わたしたちのデザイン―葬送―』一九九七年
碑文谷創『葬儀概論』表現社、一九九六年
高田恭行編『一心寺風雲覚え書き』一心寺刊、一九八二年
山折哲雄・安田睦彦『葬送の自由と自然葬』凱風社、二〇〇〇年
野口正信編『わたしのお葬式』（毎日ムック）毎日新聞社、一九九五年
島田裕巳『戒名』法蔵館、一九九一年
島田裕巳『仏教は何をしてくれるのか』講談社、一九九二年
『死と未来の本』（はじめてわかる宗教3）学研、一九九七年
加地伸行『儒教とは何か』中公新書、一九九〇年

索　引

PHP新書

PHP INTERFACE
http://www.php.co.jp/

ひろさちや

1936年大阪生まれ。東京大学文学部印度哲学科卒業。同大学院印度哲学専攻博士課程修了。気象大学校教授を経て、現在は大正大学客員教授。平易な文章と明解な論理で、仏教をはじめとする宗教論、社会論を説き、多くのファンを持つ。

主な著書に『どの宗教が役に立つか』『禅がわかる本』『仏教とキリスト教』(以上、新潮選書)、『仏教に学ぶ八十八の智恵』『仏教に学ぶ「がんばらない思想」』(以上、PHP研究所)の他、初の小説『阿《あ》闍《じゃ》世《せ》王《おう》物語《ものがたり》』(新潮社)なども刊行。

お葬式をどうするか
日本人の宗教と習俗

(PHP新書 123)

二〇〇〇年九月四日 第一版第一刷
二〇一〇年四月七日 第一版第十一刷

著者――ひろさちや
発行者――安藤 卓
発行所――株式会社PHP研究所
東京本部――〒102-8331 千代田区一番町21
学芸出版部 ☎03-3239-6221
普及一部 ☎03-3239-6233
京都本部――〒601-8411 京都市南区西九条北ノ内町11
制作協力――株式会社みち書房
装幀者――芦澤泰偉+野津明子
印刷所
製本所――図書印刷株式会社

ISBN4-569-61256-3

ＰＨＰ新書刊行にあたって

「繁栄を通じて平和と幸福を」（PEACE and HAPPINESS through PROSPERITY）の願いのもと、ＰＨＰ研究所が創設されて今年で五十周年を迎えます。その歩みは、日本人が先の戦争を乗り越え、並々ならぬ努力を続けて、今日の繁栄を築き上げてきた軌跡に重なります。

しかし、平和で豊かな生活を手にした現在、多くの日本人は、自分が何のために生きているのか、どのように生きていきたいのかを、見失いつつあるように思われます。そして、その間にも、日本国内や世界のみならず地球規模での大きな変化が日々生起し、解決すべき問題となって私たちのもとに押し寄せてきます。

このような時代に人生の確かな価値を見出し、生きる喜びに満ちあふれた社会を実現するために、いま何が求められているのでしょうか。それは、先達が培ってきた知恵を紡ぎ直すこと、その上で自分たち一人一人がおかれた現実と進むべき未来について丹念に考えていくこと以外にはありません。

その営みは、単なる知識に終わらない深い思索へ、そしてよく生きるための哲学への旅でもあります。弊所が創設五十周年を迎えましたのを機に、ＰＨＰ新書を創刊し、この新たな旅を読者と共に歩んでいきたいと思っています。多くの読者の共感と支援を心よりお願いいたします。

一九九六年十月

ＰＨＰ研究所

PHP新書

［心理・教育］

004 臨床ユング心理学入門　山中康裕
018 ストーカーの心理学　福島 章
039 話しあえない親子たち　伊藤友宣
047 「心の悩み」の精神医学　野村総一郎
053 カウンセリング心理学入門　國分康孝
065 社会的ひきこもり　斎藤 環
101 子どもの脳が危ない　福島 章
103 生きていくことの意味　諸富祥彦
111 「うつ」を治す　大野 裕
119 無意識への扉をひらく　林 道義

［思想・哲学・宗教］

002 知識人の生態　西部 邁
015 福沢諭吉の精神　加藤 寛
022 「市民」とは誰か　佐伯啓思
024 日本多神教の風土　久保田展弘
028 仏のきた道　鎌田茂雄
030 聖書と「甘え」　土居健郎
032 〈対話〉のない社会　中島義道
035 20世紀の思想　加藤尚武
042 歴史教育を考える　坂本多加雄
052 靖国神社と日本人　小堀桂一郎
057 家族の思想　加地伸行
058 悲鳴をあげる身体　鷲田清一
067 科学とオカルト　池田清彦
070 宗教の力　山折哲雄
078 アダム・スミスの誤算　佐伯啓思
079 ケインズの予言　佐伯啓思
081 〈狂い〉と信仰　町田宗鳳
083 「弱者」とはだれか　小浜逸郎
099 〈脱〉宗教のすすめ　竹内靖雄
113 神道とは何か　鎌田東二
117 社会的ジレンマ　山岸俊男

［社会・文化］

014 ネットワーク思考のすすめ　逢沢 明
019 ダービー卿のイギリス　山本雅男
021 日本人はいつから〈せっかち〉になったか　織田一朗
026 地名の博物史　谷口研語
037 マドンナのアメリカ　井上一馬

041 ユダヤ系アメリカ人　本間長世
072 現代アジアを読む　渡辺利夫
084 ラスヴェガス物語　谷岡一郎
089 高千穂幻想　千田 稔
093 日本の警察　佐々淳行
102 年金の教室　高山憲之
109 介護保険の教室　岡本祐三
110 花見と桜　白幡洋三郎
121 iバイオテクノロジーからの発想　石井威望

［言語・文学・芸術］

001 人間通になる読書術　谷沢永一
008 英文法を撫でる　渡部昇一
012 漱石俳句を愉しむ　半藤一利
016 源氏物語と伊勢物語　島内景二
027 サン=テグジュペリの宇宙　畑山 博
034 8万文字の絵　日比野克彦
043 恋愛小説を愉しむ　木原武一
045 イタリア語を学ぶ　白崎容子
049 俳句入門　稲畑汀子
050 漱石の「不愉快」　小林章夫
071 漢字の社会史　阿辻哲次
074 入門・論文の書き方　鷲田小彌太
077 一茶俳句と遊ぶ　半藤一利
087 人間通になる読書術・実践編　谷沢永一
095・096 話すための英語 日常会話編（上・下）　井上一馬
107・108 話すための英語 ニュース・ビジネス&スポーツ編（上・下）　井上一馬
115 書くためのパソコン　中野 明
120 日本語へそまがり講義　林 望
122 この言葉！　森本哲郎

［自然・生命］

009 遺伝子で診断する　中村祐輔
013 赤ちゃん誕生の科学　正高信男
023 生命の奇跡　柳澤桂子
029 森を守る文明・支配する文明　安田喜憲
036 もの忘れは「ぼけ」の始まりか　宇野正威
038 巨大隕石の衝突　松井孝典
040 インフルエンザ　中島捷久／他
048 ブナの森と生きる　北村昌美
054 恐竜ハイウェー　松川正樹
080 ヒトの誕生　葉山杉夫
086 脳死・クローン・遺伝子治療　加藤尚武